KLETT

ALTSPRACHLICHE TEXTE

L. Annaeus Seneca

Epistulae morales ad Lucilium

mit: P. Cornelius Tacitus
Annalen XV 60–64 (Senecas Tod)

bearbeitet von
Lothar Rohrmann
und Klaus Widdra

Teil 1: Text mit Wort- und Sacherläuterungen

Ernst Klett Schulbuchverlag Leipzig

Leipzig Stuttgart Düsseldorf

Seneca: Epistulae morales ad Lucilium
bearbeitet von Lothar Rohrmann und Klaus Widdra

unter Mitarbeit und Leitung der Verlagsredaktion Alte Sprachen

Mitarbeit an diesem Buch: Eva Dorothea Boder, Verlagsredakteurin

Diese Ausgabe liegt in zwei Fassungen vor:

1)	Text mit Wort- und Sacherläuterungen sowie Arbeitskommentar und Zweittexte	Klettbuch 6443
2a)	Text mit Wort- und Sacherläuterungen	Klettbuch 64431
2b)	Arbeitskommentar und Zweittexte	Klettbuch 64432

9 783126 443104

1. Auflage 1 27 26 25 24 | 2014 2013 2012 2011

Verbesserter und geringfügig ergänzter Nachdruck.
Alle Drucke dieser Auflage können im Unterricht nebeneinander benutzt werden, sie sind untereinander unverändert. Die letzte Zahl bezeichnet das Jahr dieses Druckes.

Internetadresse: http://www.klett-verlag.de

Umschlag: nach einem Entwurf von Neil McBeath, Stuttgart
Fotosatz: Eberl GmbH, Immenstadt
Druck: Beltz Druckpartner, Hemsbach

ISBN 3-12-644300-1 (mit Arbeitskommentar)
ISBN 3-12-644310-9 (ohne Arbeitskommentar)

Inhalt

Arbeitskommentar und Zweittexte: Beiheft

In den Worterläuterungen sind alle Wörter angegeben, die nicht im ‚Grundwortschatz' (s. Klettbuch 6042 bzw. 60421) enthalten sind oder sich mit seiner Hilfe leicht erschließen lassen.

Die Textgestaltung folgt (bei etwas veränderter Zeichensetzung) der Ausgabe von L.D. Reynolds, Oxford 1965 ff.; verglichen wurde die Ausgabe von Fr. Préchac, Coll. Budé, Paris 1945 ff.

Das *Umschlagbild* zeigt den Kentauren **Cheiron** mit dem jungen **Achilleus** beim Unterricht im Leierspiel. Wandgemälde aus Herculaneum, um 70. n. Chr.
Nach Foto Leonard von Matt

Porträtherme aus dem 3. Jahrh. n. Chr., Kopie einer um 60 n. Chr. entstandenen Büste. Staatl. Museen Berlin (Museumsphoto).
Daß die Herme Seneca darstellt, ist durch Inschrift gesichert.

Einleitung

A Sie werden in Ihrem Kurs Texte lesen, die in den Bereich der **Philosophie** hineinführen. Was erwarten oder erhoffen Sie sich davon? Die Beschäftigung mit philosophischen Fragen ist ja durchaus nicht etwas Selbstverständliches. Schon in der Antike wurde das Pro und Contra heftig diskutiert:

(a) „Philosophie ist etwas durchaus Hübsches, wenn man sie maßvoll anpackt in seiner Jugend. Beschäftigt man sich aber mehr als notwendig mit ihr, so stürzt sie die Menschen ins Verderben. Trotz hoher Begabung wird ein Mensch, der über seine Jugend hinaus Philosophie treibt, notwendig auf all den Gebieten unerfahren bleiben, auf denen er als künftig brauchbarer und angesehener Mann Erfahrung haben muß ...
Wenn ich bei einem Jugendlichen Philosophie sehe, so freue ich mich, und ich meine, es paßt zu ihm ... Wenn ich aber einen schon Älteren sehe, wie er noch philosophiert und nicht davon loskommt, dann hat dieser Mann m. E. Schläge nötig."
(Der Politiker Kallikles in der Diskussion mit Sokrates; aus: Platon, ‚Gorgias' 484 c ff.)

(b) „Philosophie, Du Führerin des Lebens, Du Entdeckerin der Tugend, Vertreiberin der Laster! Was könnten wir, was könnte überhaupt das Leben der Menschen ohne Dich sein? Du hast die Städte zur Welt gebracht, Du hast die ursprünglich vereinzelt lebenden Menschen zu einer Lebensgemeinschaft zusammengerufen, Du hast sie untereinander verbunden: zunächst in Wohnungen, dann in Ehegemeinschaften, schließlich in der Verbindung durch Schrift und Sprache. Du warst die Erfinderin der Gesetze, Du warst die Lehrerin von Sitte und Ordnung. Zu Dir nehmen wir unsere Zuflucht, von Dir holen wir unsere Hilfe, in Deine Hände geben wir uns jetzt uneingeschränkt und ganz ..."
(Cicero, Tusculanen V 2,5)

Sie werden sich im Laufe der Kursarbeit ein eigenes Urteil über den Wert philosophischer Bemühungen bilden.

B Philosophieren findet (jedenfalls im europäischen Kulturraum) in und durch **Sprache** statt. Passen die Ausdrucksweisen der beiden zitierten Texte aus der philosophischen Literatur eigentlich zu Ihren Vorstellungen von philosophischem Sprechen? Oder was überrascht Sie daran?
Philosophen haben sich seit jeher der verschiedensten Ausdrucksformen zur Vermittlung ihrer Gedanken und Lehrmeinungen bedient – in bewußter Wahl und mit bestimmtem Ziel. Seneca hat in den ‚epistulae morales' mit dem Brief eine zunächst ganz alltägliche Textform gewählt – die Lektüre wird zeigen, mit welchem Ziel. Da diese Briefe aber sicherlich von Anfang an zur Veröffentlichung bestimmt waren, muß man schon aus diesem Grund eine sehr bewußte Gestaltung durch den Autor annehmen. Diese genauer zu erkennen und einzuschätzen, bietet gerade das Lesen in der Fremdsprache eine besondere Chance: Wenn man übersetzen muß, wird man aufmerksamer für die Art, wie der Autor sich ausdrückt, man versteht (und durchschaut) genauer, was er sagt.

C Die ‚epistulae morales ad Lucilium' bieten kein philosophisches System an, sondern sie beschäftigen sich mit wechselnden Themen und Problemen des Lebens wie Freundschaft, Freiheit, Tod (vgl. S. 9) – **Themen** also, deren Bedeutung für jedes menschliche Leben unabweisbar ist. Wenn Sie nun diese Briefe lesen, so werden wichtige **Ziele Ihrer Arbeit** immer wieder diese sein: Aussagen des Autors genau zu erfassen, die darin aufgeworfenen Probleme und Thesen zu erkennen und, zumindest im Ansatz, selbst zu durchdenken, schließlich begründet Stellung zu nehmen zu diesen Problemen und zu den Lösungsversuchen, die in den Texten dazu vorgetragen werden. (Detaillierte Hinweise und Anregungen hierzu können Sie im ‚Arbeitskommentar' – Beiheft – finden.)

D In den Briefen spricht ein Mensch, der auch nach einem bewegten Leben und trotz vielfältiger Erfahrung selbst immer noch weiter nach Antworten und Lösungen sucht: **Lucius Annaeus Seneca.**
Seneca lebte von (ca.) 4 v. Chr. bis 65 n. Chr., also unter den ersten römischen Kaisern. Er stammte aus wohlhabendem Elternhaus in Corduba (Spanien). Sein Vater war römischer Ritter und ein berühmter Redelehrer. Seneca erhielt eine sorgsame politische und rhetorische Ausbildung in Rom, hat sich aber auch intensiv philosophischen Studien gewidmet. Seine Betätigung als Anwalt öffnete ihm den Weg in die Politik; im Jahre 31 wurde er Quästor und gelangte damit in den Senat. Durch seine überragende Redekunst zog er sich die Mißgunst des Kaisers Caligula zu (39); vor dem Todesurteil rettete ihn nur sein angegriffener Gesundheitszustand, da man mit einem baldigen Tod Senecas rechnete. Unter Claudius wurde er 41 auf Betreiben der Kaiserin Messalina nach Corsica verbannt; man verdächtigte ihn unerlaubter Beziehungen zu Caligulas Schwester Iulia Livilla. Agrippina, die Nachfolgerin der inzwischen ermordeten Messalina, berief ihn 49 nach Rom zurück und machte ihn zum Erzieher Neros, ihres Sohnes aus erster Ehe. Seneca nahm seine politische Tätigkeit wieder auf (50 wurde er Prätor, 55/56 Konsul). Nach Claudius' Tod (54) steuerte Seneca als Erzieher und Berater Neros für einige Jahre die Politik des römischen Reiches – diese Jahre galten später als die glücklichste Zeit der römischen Monarchie. Durch Zuwendungen des Kaisers und eigene Finanzgeschäfte wurde Seneca damals zu einem der reichsten Männer Roms. Doch allmählich entzog sich Nero dem positiven Einfluß Senecas und entfremdete sich ihm zunehmend. Im Jahre 62 gab daher Seneca Politik und öffentliches Leben ganz auf und widmete sich fortan ausschließlich seinen Studien. Aus dieser Zeit stammen auch die Briefe an Lucilius.
Lucilius, Senecas ungefähr 10 Jahre jüngerer Freund, stammte aus kleinen Verhältnissen und hatte sich durch persönliche Tüchtigkeit emporgearbeitet; er war in den Ritterstand aufgestiegen und verwaltete zur Zeit des Briefwechsels die Provinz Sizilien.
65 wurde Seneca der Beteiligung an der sog. Pisonischen Verschwörung gegen Nero verdächtigt; auf Befehl des Kaisers mußte er sich das Leben nehmen.

Aus dem umfangreichen schriftstellerischen Schaffen Senecas ist viel erhalten: Tragödien (die ‚Phaedra' z.B. regte später Racine zu einer Nachdichtung an, welche dann Schiller übersetzte), naturwissenschaftliche Schriften und zahlreiche philosophische Abhandlungen. Von den ‚epistulae morales ad Lucilium' sind 124 Briefe in 20 „Büchern" erhalten.

Senecas Verflechtung in das politische Leben mit den Intrigen und Verbrechen am Kaiserhof sowie sein unglaublicher Reichtum haben ihm schon zu Lebzeiten den Vorwurf eingebracht, daß bei ihm Lebensführung und philosophische Äußerungen in einem krassen Widerspruch stehen. Die Diskussion über die Einheit von Leben und Lehre bei Seneca ist bis heute nicht abgeklungen. Die Schärfe der

Urteile (s.u.) spiegelt jedenfalls die Bedeutung der von Seneca aufgeworfenen Fragen wider.

E Urteile über Seneca

(1) (Unter Anspielung auf das Porträt der Berliner Doppelherme; vgl. S. 4)
Er selbst (sc. Seneca) hat das asketische Leben bald aufgegeben und ist so feist geworden wie Nero in seinen letzten Jahren...
Solange er am höfischen und politischen Leben teilnahm, hatte er auch die Moral, nicht nur die stoische, an den Nagel gehängt oder doch nur mit den Lippen bekannt, und auf dem Totenbett posiert er, wie er es in seinen Schriften immer getan hat.
(U.v. Wilamowitz-Moellendorff: Der Glaube der Hellenen II, Wiss. Buchgesellschaft, Darmstadt ^{2}1955, S. 439)

(2) Während Seneca sich in seinen Schriften darin gefiel, das zurückgezogene und kontemplative Leben des Weisen in den Himmel zu heben und als guter Stoiker die größte Verachtung für die irdischen Güter zu bekunden, zeigte er sich in seinem Privatleben von einer ganz anderen Seite. Er besaß ein großes Vermögen, das sein Vater ihm hinterlassen hatte, und liebte Prunk und Luxus. Dank einer reichen Heirat war es ihm gelungen, seinen Besitz noch beträchtlich zu vergrößern. Seine bevorzugte Stellung bei Nero erlaubte ihm überdies, sich ungeheure Reichtümer an Ländereien und in bar zuweisen zu lassen... Er ließ es sich angelegen sein, sein Geld gewinnbringend anzulegen, und wie so viele reiche Römer, die von sich allerdings nicht behaupteten, Stoiker zu sein und nicht ihre Verachtung für die Güter dieser Welt zum Ausdruck brachten, verlieh er große Summen in die Provinz, zu einem sehr hohen Zins, zu einem wahren Wucherzins.
(G. Walter: Nero, Atlantis, Zürich und Freiburg 1956, S. 143)

(3) Gleich nach seiner Thronbesteigung schickte Claudius den „Philosophen" Seneca, der durch eine üble Ehebruchsgeschichte kompromittiert war, in die Verbannung, um ihn vor der drohenden Todesstrafe zu retten. Aber auf Wunsch seiner vierten Frau Agrippina holte er ihn später wieder zurück und ernannte ihn zum Erzieher ihres Sohnes Nero. Der vielerfahrene Meister hat seinen gelehrigen Zögling gewissenhaft in alle Laster eingeweiht, und bald sah der junge Prinz ebenso feist und selbstgefällig aus wie der alte Lebemann und Amateurphilosoph.
(E. Stauffer: Christus und die Caesaren, Wittig, Hamburg ^{3}1952, S. 150 f.)

(4) Es ist leicht, über Seneca den Stab zu brechen und ihn einen Mann der Halbheiten oder gar einen Heuchler zu schelten. Schwerer ist es, ihm nach den widerstreitenden Tendenzen seines Inneren und ihrer Verwurzelung in seiner Zeit gerecht zu werden...
Aber seine Glanzzeit hat er jedenfalls genützt, um Großes zum Segen der Menschheit zu vollbringen. Das ehrliche Wollen darf ihm niemand absprechen.
(M. Pohlenz: Die Stoa, Vandenhoeck & Ruprecht, Göttingen 1948 (^{4}1970), S. 327)

(5) Darüber hinaus stellt in unseren Augen nicht der Mensch Seneca das eigentliche Problem dar, sondern eher vielleicht der Politiker und Staatsmann, der sich in einer nun wirklich verkommenen und gewissenlosen Gesellschaft zu behaupten hatte, aus dieser Umgebung heraus zu wirken sich verpflichtet fühlte und auch segensreich gewirkt hat... Dabei hat Seneca, im Gegensatz etwa zu Cicero, in seinen Schriften nie mit seiner Stellung geprunkt.
(H. Krefeld: Senecas Briefe an Lucilius im Unterricht, Der altsprachliche Unterricht V 3, 1962, S. 87)

(6) Er hat die Konfrontation mit Nero nicht gesucht, aber auch nicht gescheut, nicht auf die Veränderung der politischen Verhältnisse hingearbeitet, die er in ihrer Struktur grundsätzlich bejahte, vielmehr Widerstand geleistet gegen den Mißbrauch politischer Macht, gegen die Mißachtung der Würde und der inneren Freiheit des Menschen und sich eingesetzt für die gleiche Behandlung aller Menschen, auch die der Sklaven.
(H. Krefeld: Anpassung und Widerstand, Senecas Philosophie und der Staat seiner Zeit, in F. Hörmann, Fortwirkende Antike, Bayerischer Schulbuchverlag, München 1971, S. 133)

(7) Er verkannte die Unnatur der zeitgenössischen Rhetorik nicht und war doch selbst der glänzendste Vertreter des Modestils, und während er theoretisch verlangte, die philosophische Darstellung solle bei allem Streben nach Schönheit doch stets das Was über das Wie stellen, erlag er nur zu leicht der Versuchung, um einer geistreichen Pointe oder einer blendenden Antithese willen den Gedanken abzubiegen oder zu übersteigern, und auch im ganzen Aufbau ließ der unruhige, ständig sich überstürzende Stil den gleichmäßigen Fluß wissenschaftlicher Darlegung nicht aufkommen.
(M. Pohlenz: Die Stoa – vgl. zu (4) –, S. 304)

(8) ... die äußere Form ... stellt die Rhetorik zur Verfügung. Dadurch nimmt alles die Gestalt des schon einmal Gedachten an: die neue Nuance ist nicht etwa eine neue philosophische Entdeckung, ein neues Beobachten menschlichen Fühlens, sie ist und bleibt nur eine sprachliche Nuance. Oft läßt man sich täuschen, auch bei Seneca: es ist aber alles Stoische bei ihm nur Umgestaltung, nur Neugruppierung alter Binsenweisheiten, daß der Tod nicht gefürchtet werden müsse ..., daß der Arme glücklicher sei als der Reiche ...
(E. Howald: Die Weltanschauung Senecas, in: G. Maurach, Römische Philosophie (WdF 193), Wiss. Buchgesellschaft, Darmstadt 1976, S. 192)

(9) (Die Briefe) sind der vollkommene Spiegel seines reichen Geistes, seiner ausgebreiteten Lebenserfahrung und tiefen Menschenkenntnis, seines ernsten Ringens um sittliche Wahrhaftigkeit und innere Freiheit ... Seneca ist einer der größten Meister der lateinischen Sprache. Ständige Selbstbeobachtung befähigte ihn, in nuancierter Sprache feine Regungen des Seelenlebens auszudrücken.
(K. Abel: L. Annaeus Seneca, in: dtv-Lexikon der Antike I, Bd. 4, Sp. 184)

Bildnisse des Nero und der Agrippina d.J. *(Photo: DAI Rom).*

Einzelthemen *in den Briefen dieser Auswahl*

Erfahrungen des Daseins	
① Die Zeit	1
② Freude	23
③ Freundschaft	3; 7, 6 ff. (vgl. auch ⑭)
④ Alter und Tod	26 (vgl. auch ⑪ und ⑫)
Zeit- und Gesellschaftskritisches	
⑤ Reichtum, Habsucht, Verschwendung	89; 16, 7 ff.; 41, 7
⑥ Die Grausamkeit der Zirkusspiele	7
⑦ Verhalten der Masse	7
⑧ Behandlung von Sklaven	47
Wesensmerkmale und Lebensziel des Menschen	
⑨ ratio – Wesensmerkmal des Menschen	76
⑩ Gottesvorstellung und Menschenbild	41
⑪ Lebensziel und Tod	61; 54 (auch 1, 1–3; 24; 26, 8 ff.; 70, 4–7)
⑫ Das Problem des Freitodes	70; 24; 26, 4 ff.
Die Philosophie – der Philosoph	
⑬ Die Leistung der Philosophie	16, 1–6; 53
⑭ Braucht der Weise Freunde?	6; 9; 35
⑮ Philosophie und Freiheit	47; 61, 3 f.; 54, 7
⑯ Einheit von Leben und Lehre?	Tacitus, Annalen XV 60–64

Vorschläge für Kurse
Leistungskurs
„Lebensbewältigung durch Philosophie“: ① – ② – ⑧ – ⑨ – ⑬ – ⑩ – ⑪+⑫ (i. A.) – ⑯.
Grundkurse
„Lebensziel und Todesangst“: ⑨ – ⑫ – ⑬ (ep. 53) – ⑪ – ⑯.
„Philosophie und Freiheit“: ⑬ – ⑮ – ⑫.
„Zeit und Gesellschaft vor den Augen des Philosophen“: ⑤ bis ⑧ – ④.
„Freundschaft“: ③ – ⑭.

Die Beschäftigung mit dieser Ausgabe kann vor allem folgende **Lernziele** anstreben:
- Kennenlernen der „Philosophie als Kunst der Lebensführung und Lebensbewältigung“ und kritische Reflexion der damit verbundenen Chancen philosophischen Denkens;
- Kennenlernen und kritische Reflexion philosophischer Auseinandersetzung mit gesellschaftlichen Institutionen und Normen;
- Kennenlernen von Grundzügen antiker Philosophie (bes. der Stoa und Epikurs) im Vergleich mit Seneca;
- Erfassen von Vergleichs- und Berührungspunkten bei Seneca mit neutestamentlich-christlichen Gedanken sowie erste Einsicht in den grundlegenden Unterschied zwischen philosophischen und religiösen Fragestellungen und Problemlösungen;
- Kennenlernen der literarischen Gattung der Epistel, insbesondere als ‘simulierter Dialog’ und als ‘Intimraum für die Selbstdarstellung des Schreibers und die Einbeziehung des Adressaten’, mit den dadurch bedingten Ausdrucksformen;
- Erfassen der Art des Denkens und Argumentierens in der besonderen Form der philosophisch-moralischen Epistel;
- Erfassen der pädagogischen Intention des Briefautors mit dem Spannungsverhältnis zwischen Selbst- und Fremderziehung;
- Fähigkeit zur kritischen, kontextbezogenen Analyse allgemeiner philosophischer Begriffe (wie bonum, honestum, animus, ratio, virtus) sowie solcher Begriffe, die bei Seneca eine eigene Bedeutung erhalten (‘Verinnerlichung’ von Begriffen wie gaudium, servus, libertas, deus);
- Fähigkeit zur vergleichenden Analyse von verschiedenen Texten eines Autors bzw. von Texten verschiedener Autoren.

1 SENECA LUCILIO SUO SALUTEM

1 Ita fac, mi Lucili: vindica te tibi, et tempus, quod adhuc aut auferebatur aut
subripiebatur aut excidebat, collige et serva. Persuade tibi hoc sic esse,
ut scribo: quaedam tempora eripiuntur nobis, quaedam subducuntur,
quaedam effluunt. Turpissima tamen est iactura, quae per neglegentiam fit.
Et, si volueris adtendere: magna pars vitae elabitur male agentibus, maxima
2 nihil agentibus, tota vita aliud agentibus. Quem mihi dabis, qui aliquod
pretium tempori ponat, qui diem aestimet, qui intellegat se cotidie mori? In
hoc enim fallimur, quod mortem prospicimus: magna pars eius iam prae-
terit; quidquid aetatis retro est, mors tenet. Fac ergo, mi Lucili, quod facere
te scribis, omnes horas conplectere; sic fiet, ut minus ex crastino pendeas,
3 si hodierno manum inieceris. Dum differtur vita, transcurrit. Omnia,
Lucili, aliena sunt, tempus tantum nostrum est; in huius rei unius fugacis ac
lubricae possessionem natura nos misit, ex qua expellit, quicumque vult. Et
tanta stultitia mortalium est, ut, quae minima et vilissima sunt, certe repara-
bilia, inputari sibi, cum inpetravere, patiantur, nemo se iudicet quicquam
debere, qui tempus accepit, cum interim hoc unum est, quod ne gratus
quidem potest reddere.

---

1 **Seneca Lucilio suo salutem** *sc.* dicit; *die bei S. übliche Briefüberschrift.*

1 **vindicare** aliquem alicui: j-n (in feierlicher Form) für j-n als Eigentum beanspruchen *oder* j-n im Interesse j-s (gerichtlich) befreien; *Anspielung auf Klageformen des bürgerlichen Rechts* · **subripere:** heimlich wegnehmen, stehlen · **excidere:** entfallen, (*aus den Händen*) herausfallen · **subducere:** heimlich wegnehmen · **effluere:** entfließen, entströmen · **iactūra:** Einbuße, Verlust · **volueris:** *potentialer Konj. Pf., zeitstufenneutral gebraucht von einer Möglichkeit/Annahme* · **adtendere** (*sc.* animum): aufpassen, achtgeben · **ēlābi:** entgleiten · **aliud agentibus:** *eine ‚offene' Formulierung: Was ist der Bezugspunkt für das* aliud?

2 **dare** *hier:* angeben, nennen · **qui ponat . . . aestimet . . . intellegat:** *konsek. Relativsatz:* „der von der Art ist, daß er" · **aliquod:** *statt* ullum *in negativen (oder – wie hier – dem Sinn nach negativen) Sätzen* ≈ überhaupt etwas · **pretium ponere** alicui rei: einer Sache einen Preis/Wert zuerkennen · **prospicere:** (in der Ferne) vor sich sehen · **retrō** (*Adv.*): rückwärts, hinten, dahinter · **conplecti:** umschlingen, festhalten · **crāstinus** (*sc.* dies): der morgige Tag · **hodiernus** (*sc.* dies): der heutige Tag · **manum inicere** alicui: die Hand auf j-n legen; *Anspielung auf die manūs iniectio des Zivilrechts (Selbsthilfe des Gläubigers durch Verhaftung des Schuldners)* · **transcurrere:** vorüberlaufen.

3 **fugax,** *Gen.* acis: flüchtig · **lūbricus:** schlüpfrig, leicht entgleitend · aliquem **mittere in possessionem** alicuius rei: j-n in den Besitz von etw. einsetzen, j-m das Nutzungsrecht von etw. übertragen (possessio: *privates Nutzungsrecht an Grundstücken und beweglichen Sachen*) · **et** (*am Satzanfang*): *verbindet den neuen Gedanken eng mit dem vorherigen, läßt ihre logische Beziehung aber offen. Im D. sollte diese ausgedrückt werden* („nun aber", „und wirklich" *o.ä.*) · **vīlis:** billig, wertlos · **certe:** *eigtl. bestätigend: „gewiß, zweifellos"; hier – wie oft – beschränkend: wenn schon nicht in vollem Umfang, so doch mit Einschränkungen* ≈ bestimmt aber · **reparabilis:** wiederherstellbar, ersetzbar · **inputari mihi patior:** ich lasse mir in Rechnung stellen · **cum interim** (*eigtl. „während gleichzeitig" – von zwei nicht zueinander passenden Sachverhalten; daraus ergibt sich ein adversativer Sinn*): während doch, und dabei (ist) doch.

4 Interrogabis fortasse, quid ego faciam, qui tibi ista praecipio. Fatebor
ingenue: quod apud luxuriosum sed diligentem evenit, ratio mihi constat
inpensae. Non possum dicere nihil perdere, sed, quid perdam et quare et
quemadmodum, dicam; causas paupertatis meae reddam. Sed evenit mihi,
quod plerisque non suo vitio ad inopiam redactis: omnes ignoscunt, nemo
5 succurrit. Quid ergo est? non puto pauperem, cui, quantulumcumque
superest, sat est; tu tamen, malo, serves tua, et bono tempore incipies. Nam,
ut visum est maioribus nostris, 'sera parsimonia in fundo est'; non enim
tantum minimum in imo, sed pessimum remanet. Vale.

3 SENECA LUCILIO SUO SALUTEM

1 Epistulas ad me perferendas tradidisti, ut scribis, amico tuo; deinde
admones me, ne omnia cum eo ad te pertinentia communicem, quia non
soleas ne ipse quidem id facere: ita eadem epistula illum et dixisti amicum
et negasti. Itaque si proprio illo verbo quasi publico usus es et sic illum
amicum vocasti, quomodo omnes candidatos 'bonos viros' dicimus,
quomodo obvios, si nomen non succurrit, 'dominos' salutamus, hac abie-
2 rit. Sed si aliquem amicum existimas, cui non tantundem credis quantum
tibi, vehementer erras et non satis nosti vim verae amicitiae. Tu vero omnia
cum amico delibera, sed de ipso prius: post amicitiam credendum est, ante
amicitiam iudicandum. Isti vero praepostero officia permiscent, qui contra

---

4 **ingenuus:** frei, aufrichtig · **lūxuriōsus:** ausschweifend, großzügig (*im Umgang mit Geld*) · **dīligens:** aufmerksam, gewissenhaft; *bezogen auf Besitz und Vermögen:* wirtschaftlich, sparsam (diligens *und* luxuriosus *sind geradezu Gegenbegriffe*) · **ratio mihi cōnstat:** meine Rechnung stimmt/geht auf · **inpensa,** ae *f.:* Aufwand, Ausgaben · **redigere,** egi, actus **ad** aliquid: zu etw. machen, in einen Zustand versetzen · **succurrere:** zu Hilfe kommen.

5 **quantulumcumque** (ein Wievielchen auch immer) ≈ wie wenig auch immer · **sat** = satis · **(malo) serves:** *der bloße Konj. steht hier, in einer lässigeren Form der Verknüpfung (wie ein unabh. Wunschsatz), statt des a.c.i.* · **et ... incipies:** *enge Anknüpfung* (et) *des erwarteten Resultats (Fut.) an die vorausgegangene Aufforderung:* und dann ... · **bono tempore:** tempore *allein ist gewöhnlich schon ≈ rechtzeitig;* bono *hat also eigenes Gewicht* · **sērus:** spät, verspätet · **parsimōnia:** Sparsamkeit · **in fundo** (auf dem Boden): wenn man auf dem Grund (*eines Gefäßes*) angelangt ist; *frühgriechisches Sprichwort (Hesiod, ‚Werke und Tage', Vers 369)* · **non tantum ... sed:** nicht nur ... sondern (sogar) · **īmum:** das Unterste, der unterste Teil (*sc. des Gefäßes*) · **remanēre:** zurückbleiben.

3 **communicare:** gemeinsam machen, besprechen · **proprio verbo – publico** *sc.* verbo: *zur genauen Begriffsklärung s. A 7* · **candidatus:** der (*weiß – candidus – gekleidete*) Amtsbewerber · **bonus vir** ≈ ehrenwerter Mann, Ehrenmann · **obvius:** entgegenkommend, begegnend · **hāc** (*sc.* viā) **abierit** (*zeitstufenloser, potentialer Konj.*) ≈ das mag hier so hingehen.

2 **tantundem:** ebensoviel · **nōsti** = novisti · **vis** *hier:* Bedeutung, Wesen · **delīberare:** überlegen, beraten · **praepostero** (*Adv.*): in verkehrter Reihenfolge, in verkehrter Weise · **permiscēre:** vermischen, in Unordnung bringen

praecepta Theophrasti, cum amaverunt, iudicant, et non amant, cum iudi-
caverunt. Diu cogita, an tibi in amicitiam aliquis recipiendus sit. Cum
placuerit fieri, toto illum pectore admitte; tam audaciter cum illo loquere
3 quam tecum. Tu quidem ita vive, ut nihil tibi committas, nisi quod
committere etiam inimico tuo possis; sed quia interveniunt quaedam, quae
consuetudo fecit arcana, cum amico omnes curas, omnes cogitationes tuas
misce. Fidelem si putaveris, facies; nam quidam fallere docuerunt, dum
timent falli, et illi ius peccandi suspicando fecerunt. Quid est, quare ego ulla
verba coram amico meo retraham? quid est, quare me coram illo non putem
4 solum? Quidam, quae tantum amicis committenda sunt, obviis narrant et
in quaslibet aures, quidquid illos urit, exonerant; quidam rursus etiam caris-
simorum conscientiam reformidant et, si possent, ne sibi quidem credituri
interius premunt omne secretum. Neutrum faciendum est; utrumque enim
vitium est, et omnibus credere et nulli, sed alterum honestius dixerim
5 vitium, alterum tutius. Sic utrosque reprehendas, et eos, qui semper
inquieti sunt, et eos, qui semper quiescunt. Nam illa tumultu gaudens non
est industria, sed exagitatae mentis concursatio; et haec non est quies, quae
6 motum omnem molestiam iudicat, sed dissolutio et languor. Itaque hoc,
quod apud Pomponium legi, animo mandabitur: ‘quidam adeo in latebras
refugerunt, ut putent in turbido esse, quidquid in luce est’. Inter se ista
miscenda sunt: et quiescenti agendum et agenti quiescendum est. Cum
rerum natura delibera: illa dicet tibi et diem fecisse se et noctem. Vale.

· **Theophrastus:** *griechischer Philosoph (372–287 v. Chr.), Schüler des Aristoteles und dessen Nachfolger in der Leitung der von ihm gegründeten Philosophenschule (des sog. Peripatos); allgemein bekannt ist vor allem seine Schrift „Charakterbilder“.*

3 **committere** *hier:* anvertrauen · **intervenire** *hier:* dazwischenkommen, eintreten · **arcānus:** geheim · **miscēre** cum aliquo: mit j-m teilen, j-m mitteilen · **fidelem si** *sc.* (ali)quem · **facies** *sc.* eum fidelem · **timēre** (*hier konstruiert wie ein Verbum des Sagens oder Meinens*): voller Angst glauben, ... · **peccare:** einen Fehler machen, sich vergehen · **quid est, quare ...** ≈ warum sollte ich ... · **cōram** aliquo: in j-s Anwesenheit/Gegenwart · **retrahere:** zurückhalten.

4 **ūrere:** (ver)brennen; bedrängen, beunruhigen · **exonerare:** „abladen“ (onus), anvertrauen · **reformidare:** fürchten, scheuen · **credituri:** *statt Konjunktiv im Nachsatz eines irrealen Bedingungssatzes* (si possent), *also* ≈ crederent et ... · **interius premere:** ins Innere drücken, ≈ tief im Innern verschließen · **sēcrētum:** Geheimnis · **honestus:** (*Ehre bringend:*) ehrenvoll, ehrenhaft · **dixerim:** *zeitstufenloser, potentialer Konj. Perf.* (*vgl. § 1:* abierit).

5 **quiescere:** ruhen, sich ruhig verhalten · **industria:** Betriebsamkeit, Regsamkeit, Fleiß · **exagitare:** aufjagen, beunruhigen · **concursatio:** Hin- und Herrennen, Verwirrung · **dissolutio:** Auflösung, Schwäche · **languor:** Mattigkeit, Trägheit.

6 **Pomponius:** *wir wissen nicht, wer damit gemeint ist; vielleicht L. Pomponius, ein Dichter von Bauernpossen aus dem 1. Jh. v. Chr., oder P. Pomponius Secundus, ein Tragödiendichter der frühen Kaiserzeit (1. Jh. n. Chr.)* · **latebra:** Schlupfwinkel, Versteck · **turbidus:** trüb · **natura rerum:** Natur (*im konkreten Sinn: Welt der Dinge, des Werdens und Vergehens*).

6 SENECA LUCILIO SUO SALUTEM

1 Intellego, Lucili, non emendari me tantum sed transfigurari; nec hoc
promitto iam aut spero nihil in me superesse, quod mutandum sit. Quidni
multa habeam, quae debeant colligi, quae extenuari, quae attolli? Et hoc
ipsum argumentum est in melius translati animi, quod vitia sua, quae adhuc
ignorabat, videt: Quibusdam aegris gratulatio fit, cum ipsi aegros se esse
2 senserunt. Cuperem itaque tecum communicare tam subitam muta-
tionem mei; tunc amicitiae nostrae certiorem fiduciam habere coepissem,
illius verae, quam non spes, non timor, non utilitatis suae cura divellit, illius,
3 cum qua homines moriuntur, pro qua moriuntur. Multos tibi dabo, qui
non amico, sed amicitia caruerint: hoc non potest accidere, cum animos
in societatem honesta cupiendi par voluntas trahit. Quidni non possit?
sciunt enim ipsos omnia habere communia, et quidem magis adversa. Con-
cipere animo non potes, quantum momenti adferre mihi singulos dies
4 videam. 'Mitte', inquis, 'et nobis ista, quae tam efficacia expertus es.' Ego
vero omnia in te cupio transfundere, et in hoc aliquid gaudeo discere, ut
doceam; nec me ulla res delectabit, licet sit eximia et salutaris, quam mihi
uni sciturus sum. Si cum hac exceptione detur sapientia, ut illam inclusam
teneam nec enuntiem, reiciam: nullius boni sine socio iucunda possessio
5 est. Mittam itaque ipsos tibi libros, et ne multum operae inpendas, dum

---

6 **e|mendare:** von Fehlern befreien, bessern · **non . . . tantum . . . sed:** nicht nur . . ., sondern sogar · **trāns|figūrare** *wörtlich:* in eine andere Gestalt (figura) umwandeln · **iam** *in Verbindung mit einer Negation:* (nicht) mehr, noch (nicht) · **hoc** *bereitet den a.c.i. vor* · **nihil . . ., quod . . . sit:** nichts von der Art, daß es . . . (*konsek. Konj.: die Bestimmung* mutandum sit *ergibt sich aus dem Wesen der Sache*) · **quidni?:** warum nicht? · **quae debeant:** *konsek. Konj. wie oben* sit · **ex|tenuare:** dünn machen, schwächen, vermindern · **at|tollere:** hochheben, hervorheben · **argumentum est** alicuius rei: es ist Beweis von etw./Zeichen für etw. · **grātulatio fit:** man beglückwünscht.

2 **commūnicare** cum aliquo: mit j-m teilen, j-n teilhaben lassen · **mei:** meiner Person; *statt des üblichen „meam", um die Wandlung der ganzen Person zu unterstreichen* · **tunc:** dann; *S. versetzt sich in die (irreale) Wunschsituation* · **fidūcia:** sicheres Vertrauen, Zuversicht · **illius verae** *sc.* amicitiae (illa *verweist auf ep. 3,2*) · **di|vellere:** auseinanderreißen, zertrennen.

3 **dare** *hier:* angeben, benennen · **pār,** *Gen.* paris: *kann bezogen werden auf* voluntas *oder auch auf* cupiendi (*als Objekt*); **honesta** *kann Objekt* (*n.pl.*) *zu* cupiendi, *aber auch Attribut zu* voluntas *sein. Entscheiden Sie aus dem Kontext, welche Auffassung hier zutrifft.* · **quidni:** warum nicht? · **possit** *sc.* fieri · **ipsos:** *die Freunde* · **et quidem magis:** und zwar überwiegend · **adversa** ≈ res adversas.

4 **con|cipere:** erfassen · **quantum momenti adferre:** wieviel Einfluß haben · **efficax,** *Gen.* acis: wirksam, erfolgreich · **experiri** + *doppelter Akk.:* als . . . kennenlernen · **vērō** (*Adv.*): in der Tat, wirklich, allerdings · **in hoc:** zu dem Zweck (*bereitet den Finalsatz vor*) · **licet sit . . .:** mag sie auch . . . sein · **eximius:** außerordentlich, vortrefflich · **salūtāris:** heilsam, rettend · **sciturus:** *Part. Fut. zur Bezeichnung einer Handlung, die man künftig tun wird* (*muß*) · **exceptio:** Ausnahme, Einschränkung, Auflage · **ē|nūntiare:** mitteilen, berichten, verraten · **re|icere,** io: verwerfen, ablehnen.

5 **ipsos libros:** die Bücher selbst (*die ich gelesen habe, keine anderen*), meine eigenen Bücher · **inpendere:** aufwenden, anwenden ·

passim profutura sectaris, inponam notas, ut ad ipsa protinus, quae probo et miror, accedas. Plus tamen tibi et viva vox et convictus quam oratio proderit; in rem praesentem venias oportet, primum quia homines amplius oculis quam auribus credunt, deinde quia longum iter est per praecepta,
6 breve et efficax per exempla. Zenonem Cleanthes non expressisset, si tantummodo audisset: vitae eius interfuit, secreta perspexit, observavit illum, an ex formula sua viveret. Platon et Aristoteles et omnis in diversum itura sapientium turba plus ex moribus quam ex verbis Socratis traxit; Metrodorum et Hermarchum et Polyaenum magnos viros non schola Epicuri, sed contubernium fecit. Nec in hoc te accerso tantum, ut proficias, sed ut prosis; plurimum enim alter alteri conferemus.
7 Interim quoniam diurnam tibi mercedulam debeo, quid me hodie apud Hecatonem delectaverit, dicam. 'Quaeris', inquit, 'quid profecerim? amicus esse mihi coepi.' Multum profecit: numquam erit solus. Scito esse hunc amicum omnibus. Vale.

7 SENECA LUCILIO SUO SALUTEM

1 Quid tibi vitandum praecipue existimes, quaeris? turbam. Nondum illi tuto committeris. Ego certe confitebor inbecillitatem meam: numquam mores, quos extuli, refero; aliquid ex eo, quod composui, turbatur; aliquid ex iis, quae fugavi, redit. Quod aegris evenit, quos longa inbecillitas usque eo adfecit, ut nusquam sine offensa proferantur, hoc accidit nobis, quorum animi

---

passim: rings umher, überall · **sectari:** verfolgen, nachjagen · **nŏta:** Marke, Kennzeichen, Lesezeichen · **prōtinus** (*Adv.*): unverzüglich, sofort · **convīctus:** Zusammenleben, geselliger Umgang · **ōratio:** (bloße) Rede, *hier Gegenstück zu* convictus; *meint S's Bücher, nicht die Briefe* · **in rem praesentem v.:** hierher an Ort und Stelle k. · **efficax:** wirksam, erfolgreich.

6 **Zenōn:** *griech. Philosoph, Begründer der Schule der „Stoa" (ca. 300 v. Chr.)* · **Cleanthes:** *Schüler des Zenon* · **exprimere:** *eigtl.* ausdrücken, *hier* nachahmen · **tantummodo:** bloß, lediglich · **secrētum:** Geheimnis · **observare** aliquem, **an:** j-n daraufhin beobachten, ob · **formula:** Norm, Maßstab, Bestimmung, Modell · **ex:** nach, in Übereinstimmung mit · **in diversum ire:** in verschiedene Richtungen gehen · **turba:** Getümmel, Menge, Schar · **trahere** *hier:* an sich ziehen, annehmen, bekommen · **Mētrodōrus, Hermarchus, Polyaenus:** *griech. Philosophen, wichtige Vertreter der epikureischen Schule (4./3. Jahrhundert v. Chr.)* · **contubernium:** Zelt-, Wohngemeinschaft, Zusammenleben · **accersere:** herbeiholen, berufen · **proficere,** io: Fortschritte machen, vorankommen · **cōnferre** alicui: *hier* j-m etw. bringen/erweisen.

7 **diurnus:** bei Tage, täglich · **mercēdula** (*Demin. zu* merces, edis: Lohn): kleines Entgelt, geringer Lohn · **Hecatōn:** *griech. Philosoph, Vertreter der sogenannten Mittleren Stoa (ca. 160–90 v. Chr.)* · **scito** (*Imperativ 2. P. Sg.*): wisse: . . .

7 **praecipue** (*Adv.*): vorzugsweise, besonders · **turba:** Getümmel, Lärm; *hier:* Masse · **nondum illi tuto committeris:** noch kannst du dich ihr nicht ohne Gefahr überlassen (*Lucilius hat noch nicht die dazu erforderliche innere Festigkeit erreicht*) · **certe** (*Adv.*) *hier:* jedenfalls, wenigstens · **confiteri:** bekennen · **inbecillitas:** Schwäche · **mores efferre:** (die Sitten in die Öffentlichkeit hinaustragen) ≈ in einer bestimmten sittlichen Verfassung das Haus verlassen · **referre:** (unversehrt) zurück-/ nach Hause bringen · **turbare:** durcheinanderbringen · **fugare:** vertreiben · **aeger,** gra, grum: krank · **usque eo:** bis dahin, so weit · **adficere** *hier:* zusetzen, erschöpfen · **nusquam:** nirgends · **offensa:** Anfall, Rückfall · **proferre:** ins Freie bringen; **proferri:** hinausgehen.

2 ex longo morbo reficiuntur. Inimica est multorum conversatio: nemo
non aliquod nobis vitium aut commendat aut inprimit aut nescientibus adli-
nit. Utique quo maior est populus, cui miscemur, hoc periculi plus est. Nihil
vero tam damnosum bonis moribus quam in aliquo spectaculo desidere;
3 tunc enim per voluptatem facilius vitia subrepunt. Quid me existimas
dicere? avarior redeo, ambitiosior, luxuriosior, immo vero crudelior et
inhumanior, quia inter homines fui. Casu in meridianum spectaculum
incidi lusus expectans et sales et aliquid laxamenti, quo hominum oculi ab
humano cruore adquiescant. Contra est: quidquid ante pugnatum est, mise-
ricordia fuit; nunc omissis nugis mera homicidia sunt. Nihil habent, quo
tegantur; ad ictum totis corporibus expositi numquam frustra manum
4 mittunt. Hoc plerique ordinariis paribus et postulaticiis praeferunt.
Quidni praeferant? non galea, non scuto repellitur ferrum. Quo muni-
menta? quo artes? omnia ista mortis morae sunt. Mane leonibus et ursis
homines, meridie spectatoribus suis obiciuntur. Interfectores interfecturis
iubent obici et victorem in aliam detinent caedem; exitus pugnantium
5 mors est. Ferro et igne res geritur. Haec fiunt, dum vacat harena. 'Sed
latrocinium fecit aliquis, occidit hominem.' Quid ergo? quia occidit, ille
meruit, ut hoc pateretur: tu quid meruisti miser, ut hoc spectes? 'Occide,
verbera, ure! Quare tam timide incurrit in ferrum? quare parum audacter
occidit? quare parum libenter moritur? Plagis agatur in vulnera, mutuos

---

2 **conversatio:** Umgang, Verkehr · **inprimere:** einprägen; (durch Worte) aufdrängen · **adlinere:** anstreichen, anhängen · **utīque:** auf jeden Fall · **quō – hōc** *beim Komparativ* = quo – eo · **damnosus:** schädlich, verderblich · **spectaculum:** Schauspiel (*hierzu gehören auch Wagenrennen sowie Tierhetzen und Kämpfe von Gladiatoren; diese waren verurteilte Verbrecher, Kriegsgefangene oder bezahlte Freiwillige, die in besonderen Gladiatorenschulen ausgebildet wurden*) · **desīdēre:** müßig dasitzen · **sub|repere:** sich einschleichen.

3 **immo vero:** ja sogar, mehr noch · **merīdiānum spectaculum:** Mittagsvorstellung (*hier wurden gewöhnlich als Pauseneinlage – zwischen den Tierhetzen am Vormittag und den Gladiatorenkämpfen am Nachmittag – harmlos-heitere Zwischenspiele geboten*) · **incidere** in aliquid: in etw. geraten · **lūsus,** us: Spiel, Scherz · **sāl,** is *m.:* Salz; Witz, Spaß · **laxāmentum:** Erholung, Entspannung · **cruor:** Blut(vergießen) · **adquiescere:** zur Ruhe kommen, sich erholen · **contra est:** das Gegenteil ist der Fall · **nūgae:** Nichtigkeiten, Possen · **merus:** rein, nichts als · **homicidium:** Mord, Totschlag · **habent** *sc.* gladiatores · **ictus,** us: Schlag, Hieb · **manum mittere:** zuschlagen.

4 **ordinaria paria** (*n.pl.*): gewöhnliche Fechterpaare (*die also in herkömmlicher Weise kämpften*) · **postulātīcius:** (vom Volk ausdrücklich) erbeten, verlangt (*gemeint sind Favoriten des Publikums, die sich durch Wagemut und Fechtkunst besonders auszeichneten*) · **praeferre:** vorziehen · **quidni?:** warum nicht? · **galea:** Helm · **scūtum:** Schild · **quo?:** wozu? · **munimentum:** Schutzmittel, Deckung · **ars** *hier:* Kunstgriff · **māne** (*Adv.*): am Morgen · **merīdiē:** mittags · **iubent** *sc.* spectatores · **interfectores interfecturis:** *d.h. also: Leute, die zuvor Tiere getötet haben, sollen anderen Menschen vorgeworfen werden, die sie nun ihrerseits umbringen sollen* · **detinēre:** zurückhalten, aufsparen für · **res geritur:** die Sache wird betrieben; man geht vor · **ferro et igne:** mit glühenden Eisenstangen *werden die erschöpften Gladiatoren zum weiteren Kampf angetrieben* · **dum vacat harēna:** solange die Arena (*von regulären Vorstellungen*) frei ist, *d.h. während der Pause.*

5 **latrōcinium:** Raub · **quid ergo?:** wie also? · **occīde . . .:** *mit solchen Rufen begleiteten die Zuschauer das Geschehen in der Arena* · **verberare:** zuschlagen · **ūrere:** brennen (*trans.*) · **incurrere in ferrum:** ins Schwert (*des Gegners*) laufen · **plāga:** Schlag · **in vulnera:** seinen Wunden entgegen · **mūtuus:** wechselseitig, gegenseitig ·

ictus nudis et obviis pectoribus excipiant.' Intermissum est spectaculum:
'interim iugulentur homines, ne nihil agatur'. Age, ne hoc quidem intelle-
gitis mala exempla in eos redundare, qui faciunt? Agite dis immortalibus
gratias, quod eum docetis esse crudelem, qui non potest discere.
6 Subducendus populo est tener animus et parum tenax recti: facile transitur
ad plures. Socrati et Catoni et Laelio excutere morem suum dissimilis
multitudo potuisset: adeo nemo nostrum, qui cum maxime concinnamus
ingenium, ferre impetum vitiorum tam magno comitatu venientium pot-
7 est. Unum exemplum luxuriae aut avaritiae multum mali facit: convic-
tor delicatus paulatim enervat et mollit, vicinus dives cupiditatem inritat,
malignus comes quamvis candido et simplici rubiginem suam adfricuit:
quid tu accidere his moribus credis, in quos publice factus est impe-
8 tus? Necesse est aut imiteris aut oderis. Utrumque autem devitandum est:
neve similis malis fias, quia multi sunt, neve inimicus multis, quia dissimiles
sunt. Recede in te ipse, quantum potes; cum his versare, qui te meliorem
facturi sunt, illos admitte, quos tu potes facere meliores. Mutuo ista fiunt, et
9 homines, dum docent, discunt. Non est, quod te gloria publicandi ingenii

Gladiatoren, Relief von einem Grab, 1. Jahrh. n. Chr., Chieti (Foto: Deutsches Archäologisches Institut, Rom).

obvius: entgegenkommend, sich (willig) darbietend · **iugulare** aliquem: j-m die Kehle durchschneiden · **age** (*hier als Zeichen nur scheinbarer Zustimmung, um zu einem neuen Gedanken überzugehen*) schon gut, nun (gut) · **redundare in:** zurückströmen, sich auswirken auf, Einfluß haben auf · **qui non potest discere** *sc.* a vobis.

6 **subducere:** entziehen · **tener:** zart, leicht beeinflußbar · **parum tenax recti:** im Guten noch nicht genug gefestigt · **Cato:** *der Stoiker* M. Porcius Cato Uticensis (*95–46 v. Chr.*), *galt als Vorbild unbeugsamer Charakterfestigkeit; er war ein scharfer Gegner Caesars; in Utica (Nordafrika) nahm er sich nach Caesars Sieg bei Thapsus das Leben* · **C. Laelius:** *bedeutender römischer Politiker und Redner des 2. Jh. v. Chr., Freund des jüngeren Scipio, förderte die Verbreitung griechischer Bildung in Rom; er erhielt den Beinamen „Sapiens"* · **excutere:** entreißen, entziehen · **suum** *bezieht sich hier nicht auf das Subjekt, sondern auf die Dative* (Socrati . . .) · **adeo** (*Adv.*): (*steigernd*) erst recht · **cum maxime:** gerade (erst) · **concinnare:** zusammenfügen; die rechte Form/Fassung geben · **comitatus,** us: Begleitung, Gefolge.

7 **convictor:** Tischgenosse, Hausfreund · **delicatus:** verwöhnt, genußsüchtig · **ēnervare:** entnerven, schwächen · **vīcīnus:** Nachbar · **inritare:** reizen · **malignus comes quamvis candido et simplici rubiginem adfricuit** (*Perfekt mit Präsensbedeutung, sog. gnomisches Perf.*): ein bösartiger Begleiter überträgt seine (Fäulnis, *d.h.*) Schlechtigkeit auf einen noch so makellosen und arglosen (Menschen).

8 **imitari:** nachahmen · **nēve – nēve:** weder – noch · **recedere:** zurückweichen, sich zurückziehen · **mūtuo** (*Adv.*): gegenseitig.

9 **non est, quod** + *Konj.*: es besteht kein Grund dazu, daß · **gloria** *hier:* Ruhmsucht, Ehrgeiz **publicare:** öffentlich zeigen, bekanntmachen

producat in medium, ut recitare istis velis aut disputare; quod facere te vellem, si haberes isti populo idoneam mercem: nemo est, qui intellegere te possit. Aliquis fortasse, unus aut alter incidet, et hic ipse formandus tibi erit instituendusque ad intellectum tui. 'Cui ergo ista didici?' Non est, quod timeas, ne operam perdideris, si tibi didicisti.

10 Sed ne soli mihi hodie didicerim, communicabo tecum, quae occurrerunt mihi egregie dicta circa eundem fere sensum tria; ex quibus unum haec epistula in debitum solvet, duo in antecessum accipe. Democritus ait:
11 'Unus mihi pro populo est, et populus pro uno'. Bene et ille, quisquis fuit (ambigitur enim de auctore), cum quaereretur ab illo, quo tanta diligentia artis spectaret ad paucissimos perventurae, 'satis sunt', inquit, 'mihi pauci, satis est unus, satis est nullus'. Egregie hoc tertium Epicurus, cum uni ex consortibus studiorum suorum scriberet: 'haec', inquit, 'ego non multis,
12 sed tibi; satis enim magnum alter alteri theatrum sumus'. Ista, mi Lucili, condenda in animum sunt, ut contemnas voluptatem ex plurium adsensione venientem. Multi te laudant: ecquid habes, cur placeas tibi, si is es, quem intellegant multi? introrsus bona tua spectent. Vale.

9 SENECA LUCILIO SUO SALUTEM

1 An merito reprehendat in quadam epistula Epicurus eos, qui dicunt sapientem se ipso esse contentum et propter hoc amico non indigere, desideras scire.

Epikur, schreibt S., wende sich gegen das stoische Ideal der Empfindungslosigkeit; der Begriff der *apatheia* sei jedoch schwierig und könne leicht mißverstanden werden. So gehe es nicht um Empfindungslosigkeit gegenüber dem Leiden, sondern um seine sieghafte Überwindung. Daß der Weise sich selbst genüge, sei richtig. Doch gehöre Freundschaft für ihn zu den Dingen, die er nicht entbehren

---

· **in medium producere:** in die Öffentlichkeit führen · **merx,** mercis *f.:* Ware · **incidere:** daherkommen, sich einfinden · **formare:** formen, bilden · **ad intellectum tui** ≈ ut te intellegat · **operam perdere:** Mühe verschwenden.
10 **communicare cum** aliquo: j-m mitteilen · **occurrerunt** *sc. bei der Lektüre* · **in debitum solvere:** seine Schuld bezahlen (*S. pflegt seine Briefe mit einem Sinnspruch zu schließen, deshalb „schuldet" er ihn geradezu*) · **in antecessum:** als Vorschuß · **Democritus:** *griechischer Philosoph (ca. 460–370 v. Chr.) aus Abdera in Thrakien, Zeitgenosse des Sokrates, Vertreter der atomistischen Philosophie (die Welt besteht aus kleinsten, unteilbaren Teilchen)* · **pro** aliquo *hier:* so gut wie jmd., wie jmd.
11 **ambigere:** zweifeln, streiten · **spectare** aliquo (wohin blicken): auf etw. zielen · **Epicūrus:** *griechischer Philosoph (342–270 v.Chr.) aus Samos, lehrte vor allem in Athen, gründete eine eigene Philosophenschule (den sog. Garten)* · **consors,** rtis: Gefährte, Mitarbeiter · **ego** *sc.* scribo · **theātrum** *hier:* Zuhörerkreis, Publikum.
12 **adsensio,** onis *f.:* Zustimmung, Beifall · **ecquid?:** denn etwa? · **habere, cur** + *Konj.:* Grund dazu haben, daß · **intrōrsus** (*Adv.*): nach innen.

9 **§ 1** *knüpft an einen Gedanken von ep. 6,4 an.* · **epistula:** *Es gab eine Sammlung von Lehrbriefen Epikurs.* · **contentus** aliqua re: sich auf etw. beschränkend, mit etw. zufrieden · **indigēre** aliquo: j-s bedürfen, j-n nötig haben.

wolle; ihren Verlust könne er aber ertragen. Freunde ließen sich ersetzen, die Stiftung neuer Freundschaft könne sogar besonders viel Freude machen. – Seneca fährt fort:

8 Sapiens, etiam si contentus est se, tamen habere amicum vult, si nihil aliud,
ut exerceat amicitiam, ne tam magna virtus iaceat, non ad hoc, quod dicebat
Epicurus in hac ipsa epistula, ‘ut habeat, qui sibi aegro adsideat, succurrat in
vincula coniecto vel inopi’, sed ut habeat aliquem, cui ipse aegro adsideat,
quem ipse circumventum hostili custodia liberet. Qui se spectat et propter
hoc ad amicitiam venit, male cogitat. Quemadmodum coepit, sic desinet:
paravit amicum adversum vincula laturum opem; cum primum crepuerit
9 catena, discedet. Hae sunt amicitiae, quas temporarias populus appellat;
qui utilitatis causa adsumptus est, tamdiu placebit, quamdiu utilis fuerit.
Hac re florentes amicorum turba circumsedet, circa eversos solitudo est,
et inde amici fugiunt, ubi probantur; hac re ista tot nefaria exempla sunt
aliorum metu relinquentium, aliorum metu prodentium. Necesse est initia
inter se et exitus congruant: qui amicus esse coepit, quia expedit, et desinet,
quia expedit; placebit aliquod pretium contra amicitiam, si ullum in illa
10 placet praeter ipsam. ‘In quid amicum paras?’ Ut habeam, pro quo mori
possim, ut habeam, quem in exilium sequar, cuius me morti et opponam et
inpendam: ista, quam tu describis, negotiatio est, non amicitia, quae ad
11 commodum accedit, quae, quid consecutura sit, spectat. Non dubie habet
aliquid simile amicitiae adfectus amantium; possis dicere illam esse insanam amicitiam. Numquid ergo quisquam amat lucri causa? numquid ambitionis aut gloriae? Ipse per se amor, omnium aliarum rerum neglegens,

---

8 **nihil aliud** *hier:* aus keinem anderen Grund · **iacēre** *hier:* brachliegen · **in hac ipsa epistula:** *im § 1 genannten Brief* · **habere, qui** + *konsek. Konj.: wörtlich* j-n von der Art haben, (daß er ≈) der . . . · **aeger,** gra, grum: krank · **adsidēre** alicui: bei j-m sitzen · **succurrere:** zu Hilfe eilen · **inops,** *Gen.* opis: mittellos, arm · **cūstōdia:** Bewachung, Haft · **se spectare:** (nur) sich im Auge haben · **adversum** (*Adv.*): gegen · **opem ferre:** Hilfe bringen · **cum primum:** sobald · **crepare,** crepui, crepitum *hier:* klirren · **catēna:** Kette.

9 **temporarius:** von den Zeitumständen abhängig, zeitlich begrenzt · **ūtilitas:** Brauchbarkeit, Nutzen, Vorteil · **adsūmere,** sumpsi, sumptum: (zum Freund) nehmen · **turba:** Schar, Menge · **circumsedēre** aliquem: j-n umlagern · **evertere,** verti, versum: umstürzen, zugrunderichten · **sōlitudo:** Einöde, Einsamkeit · **relinquentium, prodentium** sc. amicos · **necesse est** + *Konj.: häufige Konstruktion statt necesse est + a.c.i.* · **congruere:** übereinstimmen, zusammenpassen · **expedire** *hier* ≈ nützlich/zuträglich sein.

10 **pro quo mori:** *vgl. ep. 6,2* · **exilium:** Verbannung; *in der Kaiserzeit eine besondere Strafe, verbunden mit Verlust des Vermögens und des Bürgerrechts; auf unbefugte Rückkehr stand die Todesstrafe* · **opponere:** sich (schützend) in den Weg stellen · **inpendere:** aufwenden, einsetzen · **describere:** beschreiben, schildern · **negōtiatio:** Handel, Geschäft · **commodum:** Vorteil · **accēdere ad:** sich nähern, *hier:* auf etw. ausgehen.

11 **adfectus,** us: Leidenschaft, Verlangen · **in|sānus:** ungesund, krankhaft · **numquid:** etwa · **lucrum:** Gewinn, Vorteil · **per se:** seinetwegen,

animos in cupiditatem formae non sine spe mutuae caritatis accendit. Quid
12 ergo? Ex honestiore causa coit turpis adfectus? 'Non agitur', inquis, 'nunc
de hoc, an amicitia propter se ipsam adpetenda sit.' Immo vero nihil magis
probandum est; nam si propter se ipsam expetenda est, potest ad illam ac-
cedere, qui se ipso contentus est. 'Quomodo ergo ad illam accedit?' Quo-
modo ad rem pulcherrimam, non lucro captus nec varietate fortunae
perterritus; detrahit amicitiae maiestatem suam, qui illam parat ad bonos
casus.
13 'Se contentus est sapiens.' Hoc, mi Lucili, plerique perperam interpretan-
tur: sapientem undique submovent et intra cutem suam cogunt. Distin-
guendum autem est, quid et quatenus vox ista promittat; se contentus
est sapiens ad beate vivendum, non ad vivendum. Ad hoc enim multis
illi rebus opus est, ad illud tantum animo sano et erecto et despici-
14 ente fortunam. Volo tibi Chrysippi quoque distinctionem indicare. Ait
sapientem nulla re egere, et tamen multis illi rebus opus esse: 'Contra
stulto nulla re opus est (nulla enim re uti scit), sed omnibus eget.' Sapienti
et manibus et oculis et multis ad cotidianum usum necessariis opus est,
15 eget nulla re; egere enim necessitatis est, nihil necesse sapienti est. Ergo,
quamvis se ipso contentus sit, amicis illi opus est; hos cupit habere quam
plurimos, non ut beate vivat; vivet enim etiam sine amicis beate. Summum
bonum extrinsecus instrumenta non quaerit; domi colitur, ex se totum est.
16 Incipit fortunae esse subiectum, si quam partem sui foris quaerit. 'Qualis
tamen futura est vita sapientis, si sine amicis relinquatur in custodiam
coniectus vel in aliqua gente aliena destitutus vel in navigatione longa

---

an und für sich, von sich aus · **mūtuus:** wechselseitig, gegenseitig · **cāritas:** Zuneigung, Liebe · **accendere in** aliquid: zu etw. entflammen · **co|ire:** sich vereinigen, *hier* zustandekommen.

12 **agitur de hoc, an:** es handelt sich darum, ob; es geht um die Frage, ob · **quomodo** *interrogativ und relativ:* auf welche Weise, wie · **expetere:** erstreben, begehren · **varietas:** Abwechslung, Vielseitigkeit, Unbeständigkeit · **detrahere:** abziehen, schmälern · **māiestas:** Größe, Würde, Hoheit.

13 **contentus:** zufrieden · **perperam** (*Adv.*): unrichtig, falsch · **interpretari:** übersetzen, auslegen, erklären, verstehen · **submovēre:** entfernen, wegdrängen · **cōgere intra cūtem suam** (*wörtlich:* j-n in seine eigene Haut zwängen): j-n zwingen, sich auf sich selbst zurückzuziehen/sich in sich selbst zu verkriechen · **di|stinguere:** absetzen, unterscheiden · **quātenus** (*Adv.*): wie weit, inwieweit · **hoc:** das letztgenannte; **illud:** das erstgenannte · **sānus:** gesund, vernünftig · **despicere** aliquid: auf etw. herabblicken, etw. verachten.

14 **Chrysippus:** *stoischer Philosoph, Schüler des Zenon (vgl. ep. 6,6)* · **di|stinctio:** Unterscheidung · **indicare:** angeben, sagen, verraten · **contra** (*hier Adv.*): dagegen, im Gegenteil · **necessitas:** Unvermeidlichkeit, Notlage, Mangel · **est** alicuius rei: es gehört in den Bereich von etw.

15 **quamvis** + *Konj.:* mag auch (noch so), wenngleich · **extrīnsecus** (*Adv.*): von außen, außerhalb · **forīs** (*Adv.*): von draußen, draußen.

16 **cūstōdia:** Haft, Gefängnis · **destituere,** stitui, stitutum: im Stich lassen, aussetzen · **nāvigatio:** Seefahrt ·

retentus aut in desertum litus eiectus?' Qualis est Iovis, cum resoluto mundo et dis in unum confusis paulisper cessante natura adquiescit sibi cogitationibus suis traditus. Tale quiddam sapiens facit: in se reconditur,
17 secum est. Quamdiu quidem illi licet suo arbitrio res suas ordinare, se contentus est et ducit uxorem; se contentus est et liberos tollit; se contentus est et tamen non viveret, si foret sine homine victurus. Ad amicitiam fert illum nulla utilitas sua, sed naturalis inritatio; nam ut aliarum nobis rerum innata dulcedo est, sic amicitiae. Quomodo solitudinis odium est et adpetitio societatis, quomodo hominem homini natura conciliat, sic inest huic quoque rei stimulus, qui nos amicitiarum adpetentes faciat. ...

16 SENECA LUCILIO SUO SALUTEM

1 Liquere hoc tibi, Lucili, scio, neminem posse beate vivere, ne tolerabiliter quidem, sine sapientiae studio, et beatam vitam perfecta sapientia effici, ceterum tolerabilem etiam inchoata. Sed hoc, quod liquet, firmandum et altius cotidiana meditatione figendum est: plus operis est in eo, ut proposita custodias, quam ut honesta proponas. Perseverandum est et adsiduo studio
2 robur addendum, donec bona mens sit, quod bona voluntas est. Itaque tibi apud me pluribus verbis aut adfirmatione tam multa nil opus: intellego

---

e|icere, icio, ieci, iectum: hinauswerfen · **deserere,** serui, sertum: verlassen · **mundus:** (wie griech. „kósmos") Kosmetik, Schmuck (*der Frau*); Weltordnung, Welt; **mundo resoluto:** *Nach stoischer Auffassung ist die Welt aus den Elementen zusammengesetzt; sie ist geworden und somit auch vergänglich. Nach einer bestimmten Zeit löst sich alles wieder in der ‚Ekpýrosis' (Weltenbrand) auf.* · **confundere:** zusammengießen; **dis in unum confusis:** *Nur die eine Gottheit (Jupiter), die der Urgrund alles Seins ist, ist unvergänglich. Die anderen Götter (Sonne und Gestirne), so hoch sie im übrigen über den irdischen Lebewesen stehen, werden bei der ‚Ekpýrosis' auch im All aufgehen.* · **paulisper:** ein Weilchen, kurze Zeit · **cessare:** zögern, rasten, ausruhen · **adquiēscere:** ausruhen; *Jupiter wird nach der ‚Ekpýrosis' aus der vorhandenen Substanz wieder eine Welt erschaffen, doch vor dieser neuen Weltperiode gönnt er sich nach S. eine Ruhepause* · **re|condere:** wieder an seinen Ort zurücktun/zurücklegen.

17 **quam|diu:** solange · **arbitrium:** Schiedsspruch, Urteil, Ermessen · **ordinare:** regeln, ordnen · **līberos tollere:** Kinder aufziehen · **si foret ... victurus:** wenn er ... leben müßte · **in|rītātio:** Anreiz · **in|nātus:** angeboren · **dulcēdo** *f.:* Süße, Reiz · **adpetītio:** Trieb, Bedürfnis · **conciliare** aliquem alicui: j-n mit j-m verbinden/befreunden · **stimulus:** Stachel, Ansporn.

16 **liquēre:** flüssig sein, klar sein · **tolerabilis,** e: erträglich, leidlich · **sapientiae studium:** *Übersetzung des griechischen Wortes „philo-sophia"* · **ceterum** ≈ aber · **inc(h)oare:** beginnen, anfangen · **meditatio:** Nachdenken, (geistige) Übung · **figere:** heften, einprägen · **propositum:** Vorhaben, Vorsatz · **cūstōdire:** bewachen, befolgen · **honestum:** *eigtl. das Ehrenvolle (verknüpft mit den honores, den staatlichen Ehrenämtern), hier:* das Sittlichgute · **persevērare:** beharren, beharrlich sein · **adsiduus:** beständig · **rōbur** *n.:* Kraft, Festigkeit · **dōnec** + *Konj.:* bis · **bona mens:** *dieser Begriff kann zunächst nur provisorisch wiedergegeben werden; Näheres wird die Interpretation des Briefes ergeben.*

2 **adfirmatio:** Versicherung, Beteuerung · **nīl** (= nihil) **opus** ≈ non opus (*sc.* est) · **tibi apud me ...** *ist doppeldeutig:* es bedarf der verba ...

multum te profecisse. Quae scribis unde veniant, scio: non sunt ficta nec
colorata. Dicam tamen, quid sentiam: iam de te spem habeo, nondum fidu-
ciam. Tu quoque idem facias volo: non est, quod tibi cito et facile credas.
Excute te et varie scrutare et observa; illud ante omnia vide, utrum in philo-
3 sophia an in ipsa vita profeceris. Non est philosophia populare artificium
nec ostentationi paratum; non in verbis, sed in rebus est. Nec in hoc adhibe-
tur, ut cum aliqua oblectatione consumatur dies, ut dematur otio nausia:
animum format et fabricat, vitam disponit, actiones regit, agenda et omit-
tenda demonstrat, sedet ad gubernaculum et per ancipitia fluctuantium
derigit cursum. Sine hac nemo intrepide potest vivere, nemo secure; innu-
merabilia accidunt singulis horis, quae consilium exigant, quod ab hac
4 petendum est. Dicet aliquis: 'Quid mihi prodest philosophia, si fatum est?
quid prodest, si deus rector est? quid prodest, si casus imperat? Nam et
mutari certa non possunt et nihil praeparari potest adversus incerta, sed aut
consilium meum occupavit deus decrevitque, quid facerem, aut consilio
5 meo nihil fortuna permittit.' Quidquid est ex his, Lucili, vel si omnia haec
sunt, philosophandum est; sive nos inexorabili lege fata constringunt, sive
arbiter deus universi cuncta disposuit, sive casus res humanas sine ordine
inpellit et iactat, philosophia nos tueri debet. Haec adhortabitur, ut deo
libenter pareamus, ut fortunae contumaciter; haec docebit, ut deum sequa-
6 ris, feras casum. Sed non est nunc in hanc disputationem transeundum,
quid sit iuris nostri, si providentia in imperio est, aut si fatorum series inli-
gatos trahit, aut si repentina ac subita dominantur: illo nunc revertor, ut te

---

„für dich von mir" *oder* „von deiner Seite mir gegenüber"; *treffen Sie eine Entscheidung aufgrund des Textzusammenhanges.* · **proficere,** io, feci, fectum: Fortschritte machen · **quae scribis:** *Subj. zu* unde veniant · **colōrare:** färben, schminken · **fidūcia:** Vertrauen, Zuversicht · **non est, quod** + *Konj.:* es besteht kein Grund dazu, daß · **cito** (*Adv.*): schnell · **excutere:** ausschütteln (*z.B. ein Kleid, um es vom Staub zu reinigen*), ausklopfen, genau untersuchen · **scrūtari:** durchwühlen, durchstöbern (*scruta n.pl.: altes Gerümpel, Trödelware*); erforschen · **observare:** beobachten.

3 **popularis,** e: für das Volk (bestimmt) · **ostentatio:** Zeigen, Schaustellung · **paratus** *hier:* geeignet · **oblectatio:** Genuß, Unterhaltung · **demere:** (weg)nehmen · **nausia:** Seekrankheit, Brechreiz; Überdruß, Langeweile · **fabrīcare:** verfertigen, bilden · **disponere:** ordnen · **gubernaculum:** Steuer(ruder) · **anceps,** *Gen.* cipitis (*eigtl. doppelköpfig*): ungewiß; (*daher:*) gefährlich; *Subst. n.:* gefährliche Lage · **flūctuare** (*und* flūctuari): *eigtl.* wogen, wallen; *hier:* auf den Wellen treiben, schwanken · **derigere:** geraderichten, lenken · **intrepidus:** unverzagt, furchtlos · **sēcūrus:** sorglos, sicher · **exigere:** (er)fordern.

5 **in|ex|orabilis,** e: unerbittlich · **constringere:** zusammenschnüren, fesseln · **arbiter,** tri: Schiedsrichter; (*der frei entscheidende*) Lenker, Gebieter, Herr · **disponere:** ordnen, einrichten · **inpellere:** bewegen, antreiben, veranlassen · **iactare** *hier:* hin und her werfen, durcheinanderbringen · **contumax,** *Gen.* acis: trotzig.

6 **iuris nostri est** ≈ es steht in unserer Macht · **providentia:** Vorsehung, *ein Grundbegriff der stoischen Welterklärung* · **series:** Reihe, Kette · **inligare:** anbinden, fesseln; **inligatos** *sc.* nos (*wie Sklaven an der Kette*) · **subitus:** plötzlich, unerwartet

moneam et exhorter, ne patiaris impetum animi tui delabi et refrigescere.
Contine illum et constitue, ut habitus animi fiat, quod est impetus.
7 Iam ab initio, si te bene novi, circumspicies, quid haec epistula munusculi
adtulerit: excute illam, et invenies. Non est, quod mireris animum meum:
adhuc de alieno liberalis sum. Quare autem alienum dixi? quidquid bene
dictum est ab ullo, meum est. Istuc quoque ab Epicuro dictum est: 'si ad
naturam vives, numquam eris pauper; si ad opiniones, numquam eris
8 dives.' Exiguum natura desiderat, opinio immensum. Congeratur in te,
quidquid multi locupletes possederant; ultra privatum pecuniae modum
fortuna te provehat, auro tegat, purpura vestiat, eo deliciarum opumque
perducat, ut terram marmoribus abscondas; non tantum habere tibi liceat,
sed calcare divitias; accedant statuae et picturae et quidquid ars ulla luxuriae
9 elaboravit: maiora cupere ab his disces. Naturalia desideria finita sunt: ex
falsa opinione nascentia, ubi desinant, non habent; nullus enim terminus
falso est. Via eunti aliquid extremum est: error immensus est. Retrahe ergo
te a vanis, et cum voles scire, quod petes, utrum naturalem habeat an caecam
cupiditatem, considera, num possit alicubi consistere: si longe progresso
semper aliquid longius restat, scito id naturale non esse. Vale.

· **impetus,** ūs *hier:* Aufschwung · **delābi:** herabgleiten, nachlassen · **refrīgescere:** erkalten, ermatten · **constituere** *hier* ≈ confirmare · **habitus,** us: Dauerzustand, bleibende Haltung.

7 **circumspicere,** io: sich umschauen · **munusculum** (*Demin. zu munus*): kleines Geschenk; *S. hatte von ep. 2 an jeden Brief mit dem Zitat eines Dichters oder eines Philosophen – meist Epikur – als kleiner Zugabe beendet.* · **excutere:** *s.o. zu 2* · **non est, quod** + *Konj.: s.o. zu 2* · **liberalis,** e: *eigtl. eines freien Mannes würdig,* ≈ freigebig · **istuc:** *verstärktes* istud · **ad naturam vivere:** *Sittlicher Grundsatz der Stoiker war:* „in Übereinstimmung mit der Natur leben" · **opīniones:** *in der Philosophie seit dem Vorsokratiker Parmenides (um 500 v. Chr.)* die falschen Meinungen/bloßen Wunschvorstellungen *der Menschen (griech.: doxai).*

8 **exiguus:** klein, wenig · **immensus:** unermeßlich · **congerere:** zusammentragen, häufen; **congeratur . . . provehat . . .:** *die Konjunktive haben konzessiven Sinn; i.D.* mag/mögen (auch) . . .

· **locuplēs,** *Gen.* ētis: begütert, reich · **auro tegat** ≈ auro ornet; *damals wurde es üblich, daß auch Männer Goldschmuck trugen.* · **purpura:** Purpur(gewand) · **eo** (*Adv.*) + *Gen.:* bis zu dem Punkt des/der . . ., bis zu einem solchen Maß an . . . · **dēliciae:** Genüsse, Üppigkeit, Luxus · **marmor,** oris *n.:* Marmor(platte) · **abscondere:** verbergen · **calcare:** betreten, mit Füßen treten · **pictūra:** Malerei, Gemälde · **elaborare:** sorgfältig ausarbeiten, schaffen.

9 **dēsīderium:** Wunsch, Bedürfnis · **nascentia** *sc.* desideria · **habēre** + *indir. Fragesatz* ≈ wissen · **terminus:** Grenze · **extremum** *Subst.:* äußerster Punkt, Ende, Ziel · **vānus:** leer, nichtig · **quod petes:** *Subj. zu* habeat · **caecus:** blind, verblendet · **consīderare:** betrachten, überlegen, bedenken · **restare:** (noch) übrig bleiben.

23 SENECA LUCILIO SUO SALUTEM

1 Putas me tibi scripturum, quam humane nobiscum hiems egerit, quae et
remissa fuit et brevis, quam malignum ver sit, quam praeposterum frigus,
et alias ineptias verba quaerentium? Ego vero aliquid, quod et mihi et tibi
prodesse possit, scribam. Quid autem id erit, nisi ut te exhorter ad bonam
mentem? Huius fundamentum quod sit, quaeris? ne gaudeas vanis. Funda-
2 mentum hoc esse dixi: culmen est. Ad summa pervenit, qui scit, quo
gaudeat, qui felicitatem suam in aliena potestate non posuit; sollicitus est et
incertus sui, quem spes aliqua proritat, licet ad manum sit, licet non ex diffi-
3 cili petatur, licet numquam illum sperata deceperint. Hoc ante omnia fac,
mi Lucili: disce gaudere. Existimas nunc me detrahere tibi multas volupta-
tes, qui fortuita summoveo, qui spes, dulcissima oblectamenta, devitandas
existimo? immo contra nolo tibi umquam deesse laetitiam. Volo illam tibi
domi nasci: nascitur, si modo intra te ipsum fit. Ceterae hilaritates non
implent pectus; frontem remittunt, leves sunt, nisi forte tu iudicas eum
gaudere, qui ridet: animus esse debet alacer et fidens et supra omnia erec-
4 tus. Mihi crede, verum gaudium res severa est. An tu existimas quem-
quam soluto vultu et, ut isti delicati loquuntur, hilariculo mortem contem-
nere, paupertati domum aperire, voluptates tenere sub freno, meditari
dolorum patientiam? Haec qui apud se versat, in magno gaudio est, sed
parum blando. In huius gaudii possessione esse te volo: numquam deficiet,
5 cum semel, unde petatur, inveneris. Levium metallorum fructus in

---

23 **remissus:** entspannt, mild · **malīgnus:** übel(beschaffen), schlecht · **vēr,** vēris *n.:* Frühling · **praeposterus** (*eigtl. der spätere voran*): verkehrt, nicht der Jahreszeit gemäß · **ineptiae:** leeres Gerede, Geschwätz · **verba:** *prägnant:* nur Worte, leere Worte, bloße Redensarten · **bona mens:** *Dieser Begriff kann erst durch die Interpretation genauer erfaßt werden (vgl. A 9a) und mag hier zunächst unübersetzt bleiben.* · **vānus:** leer, nichtig · **culmen,** inis *n.:* Gipfel.

2 **felicitas:** Glück · **sollicitus:** unruhig, ängstlich · **prōritare:** (an)locken, reizen · **licet** + *Konj.* (*eigtl.: es ist erlaubt, daß):* mag auch . . ., wenn auch . . . · **ad manum sit** *sc.* speratum · **licet non ex difficili petatur:** mag sie (*sc. die Hoffnung*) auch leicht zu erfüllen sein (*eigtl.: nicht aus Schwierigem heraus erstrebt werden*) · **decipere,** io, cepi, ceptum: täuschen, betrügen.

3 **fortuīta** *n. pl.:* Geschenke des Zufalls · **summovēre:** entfernen · **oblectamentum:** Ergötzung, Verlockung · **immo contra:** ganz im Gegenteil · **hilaritas:** Heiterkeit, Freude · **frons,** frontis *f.:* Stirn · **remittere** (*vgl.* remissus, *§ 1*): entspannen, glätten · **alacer,** cris, cre: lebhaft, munter · **fidere:** vertrauen; **fidens** *sc.* sibi.

4 **an** *leitet eine Frage mit negativem Sinn ein und dient dazu, die vorausgegangene Behauptung durch lebhafte Ablehnung des Gegenteils zu bekräftigen; i.D.:* oder etwa · **delicatus:** genußsüchtig; *hier Subst.:* Genießer, Lüstling · **hilariculus:** *Demin. zu* hilaris: heiter, fröhlich, vergnügt · **frēnum:** Zügel · **meditari:** bedenken, einüben · **patientia:** Ertragen · **versare:** hin- und herwenden, bedenken · **blandus:** schmeichelnd, lockend, beschönigend.

5 **levium metallorum fructus in summo est:** die Frucht (*d.h. das abzubauende Metall*) unergiebiger Erzgruben liegt an der (Erd-)Oberfläche ·

summo est: illa opulentissima sunt, quorum in alto latet vena adsidue
plenius responsura fodienti. Haec, quibus delectatur vulgus, tenuem
habent ac perfusoriam voluptatem, et quodcumque invecticium gaudium
est, fundamento caret: hoc, de quo loquor, ad quod te conor perducere,
6 solidum est et quod plus pateat introrsus. Fac, oro te, Lucili carissime,
quod unum potest praestare felicem: dissice et conculca ista, quae extrin-
secus splendent, quae tibi promittuntur ab alio vel ex alio; ad verum bonum
specta et de tuo gaude. Quid est autem hoc 'de tuo'? te ipso et tui optima
parte. Corpusculum quoque, etiam si nihil fieri sine illo potest, magis neces-
sariam rem crede quam magnam; vanas suggerit voluptates, breves, paeni-
tendas ac, nisi magna moderatione temperentur, in contrarium abituras. Ita
dico: in praecipiti voluptas ad dolorem vergit, nisi modum tenuit; modum
autem tenere in eo difficile est, quod bonum esse credideris: veri boni
7 aviditas tuta est. Quod sit istud, interrogas, aut unde subeat? Dicam: ex
bona conscientia, ex honestis consiliis, ex rectis actionibus, ex contemptu
fortuitorum, ex placido vitae et continuo tenore unam prementis viam.
Nam illi, qui ex aliis propositis in alia transiliunt aut ne transiliunt quidem,
sed casu quodam transmittuntur, quomodo habere quicquam certum
8 mansurumve possunt suspensi et vagi? Pauci sunt, qui consilio se suaque
disponant; ceteri eorum more, quae fluminibus innatant, non eunt, sed
feruntur. Ex quibus alia lenior unda detinuit ac mollius vexit, alia vehemen-
tior rapuit, alia proxima ripae cursu languescente deposuit, alia torrens
impetus in mare eiecit. Ideo constituendum est, quid velimus, et in eo
perseverandum.

---

opulentus: reichhaltig · **latēre**: verborgen sein · **vena adsidue plenius responsura fodienti**: eine Ader, die sich demjenigen, der beharrlich gräbt, (voller, *d.h.*) unerwartet reichlich erschließen wird (adsidue: *zu* fodienti; *möglich auch: zu* responsura) · **perfusorius** (*eigtl.* nur benetzend): oberflächlich · **invecīcius**: von außen herangeführt, äußerlich · **solidus**: gediegen, fest, echt · **quod ... (pateat)**: *Konj. im Relativsatz, da konsekutiver Nebensinn,* ≈ von der Art, daß ... · **intrōrsus** (*Adv.*): nach innen.

6 **praestare**: (in e. best. Zustand) erhalten · **fēlix,** *Gen.* icis: glücklich · **dis(s)icere**: auseinanderwerfen, wegwerfen · **conculcare**: niedertreten, zertreten · **extrinsecus** (*Adv.*): von außen, auf der Außenseite · **splendēre**: glänzen · **corpusculum** (*Demin. in herabsetzendem Sinn*): der armselige Körper · **vānus** (*s.o. § 1*): leer, nichtig · **suggerere**: liefern, vermitteln · **paenitēre**: bereuen · **moderatio**: Mäßigung, Selbstbeherrschung · **contrarium**: Gegenteil · **praeceps,** *Gen.* itis (kopfüber, steil) *hier Subst. n.:* Höhe(punkt), Abhang · **vergere**: sich neigen · **credideris**: *zeitstufenneutraler potentialer Konj. (Perf.) (möglich auch: Konj. Perf. im konsekutiven Relativsatz)* · **aviditas**: Gier, Verlangen.

7 **contemptus,** us: Verachtung · **fortuīta** *n.pl. (s.o. § 3):* Geschenke des Zufalls, Zufälligkeiten · **placidus**: glatt, ruhig · **tenor,** oris *m.:* Verlauf, Gang · **premere** *hier* ≈ beschreiten · **transilire**: hinüberspringen · **suspensus et vagus**: schwankend und unstet.

8 **disponere**: ordnen · **innatare**: schwimmen auf · **detinēre**: erfassen, festhalten · **detinuit ... eiecit**: *„gnomische Perfekte" (an einem einzelnen konkreten Fall wird eine allgemeine Wahrheit ausgedrückt; i.D. Pr.)* · **languescere**: träge werden, nachlassen · **torrens** *hier:* reißend · **persevērare**: beharren.

9 Hic est locus solvendi aeris alieni. Possum enim tibi vocem Epicuri tui
reddere et hanc epistulam liberare: ‘Molestum est semper vitam inchoare’;
aut si hoc modo magis sensus potest exprimi, ‘male vivunt, qui semper
10 vivere incipiunt’. ‘Quare?’ inquis; desiderat enim explanationem ista vox.
Quia semper illis inperfecta vita est; non potest autem stare paratus ad
mortem, qui modo incipit vivere. Id agendum est, ut satis vixerimus: nemo
11 hoc praestat, qui orditur cum maxime vitam. Non est, quod existimes
paucos esse hos: propemodum omnes sunt. Quidam vero tunc incipiunt,
cum desinendum est. Si hoc iudicas mirum, adiciam, quod magis admire-
ris: quidam ante vivere desierunt, quam inciperent. Vale.

24 In einem eindringlichen und sehr ausführlichen Brief ermahnt Seneca seinen Freund Lucilius, der wegen eines gegen ihn angestrengten Prozesses in großer Unruhe ist, zu Gelassenheit und Furchtlosigkeit. An einer Fülle von Beispielen macht er ihm klar, daß Angst – sogar die vor der höchsten möglichen Strafe – unangebracht und seiner nicht würdig ist. Er schreibt weiter:

Obiurgat Epicurus non minus eos, qui mortem concupiscunt, quam eos,
qui timent, et ait: ‘Ridiculum est currere ad mortem taedio vitae, cum
23 genere vitae, ut currendum ad mortem esset, effeceris’. Item alio loco
dicit: ‘Quid tam ridiculum quam adpetere mortem, cum vitam inquietam
tibi feceris metu mortis?’ His adicias et illud eiusdem notae licet, tantam
hominum inprudentiam esse, immo dementiam, ut quidam timore mortis
24 cogantur ad mortem. Quidquid horum tractaveris, confirmabis animum
vel ad mortis vel ad vitae patientiam; in utrumque enim monendi ac
firmandi sumus, et ne nimis amemus vitam et ne nimis oderimus. Etiam
cum ratio suadet finire se, non temere nec cum procursu capiendus est
25 impetus. Vir fortis ac sapiens non fugere debet e vita, sed exire; et ante
omnia ille quoque vitetur adfectus, qui multos occupavit, libido moriendi.

---

9 **aes alienum:** Schulden · **liberare** *hier:* freimachen *(von den Schulden); vgl. hierzu A 11* · **inchoare:** beginnen · **exprimere:** ausdrücken.
10 **explānatio:** Deutung, Erklärung · **ordiri:** beginnen · **cum maxime:** gerade erst · **non est, quod** + *Konj.:* es besteht kein Grund dazu, daß · **propemodum** (*Adv.*): fast · **ad|icere,** icio: hinzufügen.

24 **obiurgare:** tadeln, schelten · **concupiscere:** heftig begehren, sehr wünschen · **ridiculus:** lachhaft, lächerlich · **taedium:** Überdruß, Widerwillen, Ekel · **genus vitae:** Art der Lebensführung · **currere:** laufen, rennen.
22 (see above)
23 **in|quietus:** unruhig, ruhelos · **adicias ... licet:** du kannst/darfst hinzufügen · **illud eiusdem notae** *wörtlich:* jenes Wort derselben Art (nota: Kennzeichen, Art); *bereitet das Folgende vor* · **immo** *(adv.) gibt an, daß das vorher Gesagte nicht zutrifft:* nein vielmehr · **dementia** (*vgl. mens*): Verrücktheit, Wahnsinn.
24 **patientia:** Ertragen, Geduld · **in utrumque** *bezieht sich einerseits auf* vel ad mortis vel ad vitae patientiam *zurück, bereitet andererseits* et ne ... et ne ... *vor* · **se:** *zu* finire · **cum procursu:** mit Anlauf, im Ansturm · **impetum capere** *hier:* einen raschen Entschluß fassen.
25 **adfectus:** Affekt, Leidenschaft · **occupare** *hier:* befallen; **occupavit:** *‚gnomisches Perfekt' zur Mitteilung einer auf Erfahrung gegründeten Wahrheit* ·

Est enim, mi Lucili, ut ad alia, sic etiam ad moriendum inconsulta animi
inclinatio, quae saepe generosos atque acerrimae indolis viros corripit,
26 saepe ignavos iacentesque: illi contemnunt vitam, hi gravantur. Quosdam
subit eadem faciendi videndique satietas et vitae non odium sed fastidium,
in quod prolabimur ipsa inpellente philosophia, dum dicimus: 'Quousque
eadem? Nempe expergiscar dormiam, edam esuriam, algebo aestuabo.
Nullius rei finis est, sed in orbem nexa sunt omnia, fugiunt ac sequuntur;
diem nox premit, dies noctem, aestas in autumnum desinit, autumno
hiems instat, quae vere conpescitur; omnia sic transeunt, ut revertantur.
Nihil novi facio, nihil novi video: fit aliquando et huius rei nausia.' Multi
sunt, qui non acerbum iudicent vivere, sed supervacuum. Vale.

26 SENECA LUCILIO SUO SALUTEM

1 Modo dicebam tibi in conspectu esse me senectutis: iam vereor, ne senec-
tutem post me reliquerim. Aliud iam his annis, certe huic corpori, voca-
bulum convenit, quoniam quidem senectus lassae aetatis, non fractae
2 nomen est: inter decrepitos me numera et extrema tangentes. Gratias
tamen mihi apud te ago: non sentio in animo aetatis iniuriam, cum sentiam
in corpore. Tantum vitia et vitiorum ministeria senuerunt. Viget animus et
gaudet non multum sibi esse cum corpore; magnam partem oneris sui
posuit. Exultat et mihi facit controversiam de senectute: hunc ait esse

---

inconsultus: ratlos, unüberlegt, unbesonnen · **inclinatio** (Neigung, Biegung): Zuneigung · **generosus:** edelgeboren, edelmütig, hochherzig · **indoles,** is *f.:* angeborene/natürliche Beschaffenheit, Naturanlage, Begabung · **corripere:** ergreifen, packen · **īgnāvus:** lässig, kraftlos, faul, feige · **iacens** *hier:* gedrückt, niedergeschlagen · **gravare:** beschweren, belasten, bedrücken.

26 **Ü:** Manche befällt Überdruß, immer dasselbe zu tun und zu sehen und (ein Gefühl) gegenüber dem Leben(, das) nicht Haß, sondern Ekel (ist). In ihn rutschen wir ab – und dabei stößt uns die Philosophie sogar noch an –, indem wir sagen: „Wie lange noch immer dasselbe? Bestimmt werde ich aufwachen und schlafen(gehen), essen und hungern, frieren und schwitzen. Von nichts ist ein Ende (abzusehen), vielmehr ist alles zu einem Kreis verknüpft, läuft davon und folgt. Dem Tag folgt die Nacht auf dem Fuße, der Tag der Nacht, der Sommer endet im Herbst, hinter dem Herbst steht der Winter bereit, und der wird vom Frühjahr gestutzt. Alles geht (nur) in der Form vorüber, daß es wiederkehrt. Ich tue nichts Neues, ich sehe nichts Neues. Eines Tages kotzt auch dies mich an.“ Es gibt viele, die es nicht für bitter halten, zu leben, aber für überflüssig. Leb wohl!

26 **modŏ:** vor kurzem (*in ep. 12 oder 24)* · **dicebam:** *S. will sich und den Leser mit dem Impf. in den Zusammenhang von ep. 12 und/oder 24 zurückversetzen* · **in conspectu esse alicuius** *doppeldeutig:* j-m vor Augen stehen *oder aber* etw. vor Augen haben · **certe:** sicherlich, bestimmt; aber bestimmt doch, doch wenigstens · **lassus:** müde, matt, ermattet · **de|crepitus** *wörtlich:* abgeklappert.

2 **ministerium:** Dienst, Dienstleistung, Dienstpersonal · **senēscere,** senui: alt werden, verkümmern · **vigēre:** stark/kräftig/frisch sein · **mihi est** aliquid **cum** aliquo: ich habe etw. mit j-m zu tun · **pōnere** *hier:* ablegen · **exultare:** emporspringen, frohlocken, übermütig sein · **contrōversia:** Streit, Streitgespräch · **hunc:** *inhaltlich zu*

3 florem suum. Credamus illi: bono suo utatur. Ire in cogitationem iubet et
dispicere, quid ex hac tranquillitate ac modestia morum sapientiae debeam,
quid aetati, et diligenter excutere, quae non possim facere, quae nolim,
proinde habiturus atque si nolim, quidquid non posse me gaudeo: quae
enim querela est, quod incommodum, si, quidquid debebat desinere, defe-
4 cit? 'Incommodum summum est,' inquis, 'minui et deperire et, ut proprie
dicam, liquescere. Non enim subito inpulsi ac prostrati sumus: carpimur,
singuli dies aliquid subtrahunt viribus.' Ecquis exitus est melior quam in
finem suum natura solvente dilabi? non quia aliquid mali ictus est et e vita
repentinus excessus, sed quia lenis haec est via, subduci. Ego certe, velut
adpropinquet experimentum et ille laturus sententiam de omnibus annis
5 meis dies venerit, ita me observo et adloquor: 'Nihil est', inquam, 'adhuc,
quod aut rebus aut verbis exhibuimus; levia sunt ista et fallacia pignora
animi multisque involuta lenociniis: quid profecerim, morti crediturus
sum. Non timide itaque componor ad illum diem, quo remotis strophis ac
fucis de me iudicaturus sum, utrum loquar fortia an sentiam, numquid
simulatio fuerit et mimus, quidquid contra fortunam iactavi verborum
6 contumacium. Remove existimationem hominum: dubia semper est et
in partem utramque dividitur. Remove studia tota vita tractata: mors de te
pronuntiata est. Ita dico: disputationes et litterata colloquia et ex prae-

---

senectute, *nach seinem Genus zu* florem · **flōs,** floris *m.:* Blüte, Blume.

3 **cōgitatio:** Nachdenken, Überlegung · **di|spicere:** deutlich sehen, herausfinden · **trānquillitas:** Meeresstille, Ruhe · **modestia:** Mäßigung, Beherrschung, Anspruchslosigkeit · **excutere** *(wörtlich: herausschütteln) mit indir. Frage:* gründlich untersuchen, was ... · **proinde habere ... atque si:** genau so ansehen/behandeln ..., wie wenn · **quidquid non posse me gaudeo:** *Obj. zu* habiturus · **querēla:** Klage, Beschwerde · **in|commodum:** Nachteil, Unglück.

4 **de|per|ire:** zugrundegehen, umkommen · **ut proprie dicam:** um es treffend/genau zu sagen · **liquēscere:** flüssig werden, sich auflösen · **inpellere** *hier:* niederwerfen, umwerfen · **prō|sternere,** stravi, stratum: hinstrecken, zu Boden werfen · **carpere:** in Stücke reißen, zerpflücken, Stück für Stück verzehren · **subtrahere:** wegziehen, heimlich entziehen, wegnehmen · **ec|quis** ≈ numquis · **dī|lābi:** auseinanderfallen, zerfallen · **ictus,** us: Stoß, Stich, Schnitt, *hier* Todesstoß · **ex|cessus,** us: Herausgehen, Hinscheiden · **haec:** *zu* via, *bereitet den Inf.* subduci *vor* · **sub|dūcere** ≈ subtrahere · **experīmentum:** Versuch, Bewährungsprobe · **sententiam ferre de** aliqua re: seine Stimme über etw. abgeben, ein Urteil über etw. fällen · **observare:** beobachten.

5 **exhibēre** *hier:* leisten, verwirklichen · **fallāx,** *Gen.* acis: trügerisch · **pīgnus,** pignoris *n.:* Pfand, Unterpfand · **in|volvere,** volvi, volutum: einwickeln, einhüllen · **lēnōcinium:** Lockmittel, künstlicher Reiz · **prōficere:** Fortschritte machen, sich entwickeln · **morti crediturus sum** ≈ will ich dem Tod (auf Treu und Glauben) überlassen (*vgl. § 4* ille laturus sententiam dies *und § 6* mors de te pronuntiatura est) · **timide:** ängstlich · **compōnere** aliquem **ad** aliquid: j-n auf etw. gefaßt machen/vorbereiten · **stropha:** Kunstgriff, List · **fūcus** (rote Schminke) *hier:* Verstellung, Schönfärberei · **numquid:** ob wohl, ob wirklich · **mīmus:** Possenspiel, Komödie, Theater · **contumax,** *Gen.* acis: trotzig, unbeugsam.

6 **prōnūntiare** (öffentlich verkünden:) eine verbindliche Erklärung abgeben, ein Urteil fällen · **litteratus:** gelehrt, wissenschaftlich gebildet ·

ceptis sapientium verba collecta et eruditus sermo non ostendunt verum
robur animi; est enim oratio etiam timidissimis audax. Quid egeris, tunc
apparebit, cum animam ages. Accipio condicionem, non reformido iudi-
7 cium.' Haec mecum loquor, sed tecum quoque me locutum puta. Iuve-
nior es: quid refert? non dinumerantur anni. Incertum est, quo loco te mors
expectet; itaque tu illam omni loco expecta.
8 Desinere iam volebam et manus spectabat ad clausulam, sed conficienda
sunt aera et huic epistulae viaticum dandum est. Puta me non dicere, unde
sumpturus sim mutuum: scis, cuius arca utar. Expecta me pusillum, et de
domo fiet numeratio; interim commodabit Epicurus, qui ait: 'Meditare
9 mortem', vel, si commodius sic transire ad nos hic potest sensus: 'Egregia
res est mortem condiscere'. Supervacuum forsitan putas id discere, quod
semel utendum est. Hoc est ipsum, quare meditari debeamus: semper
10 discendum est, quod, an sciamus, experiri non possumus. 'Meditare
mortem': qui hoc dicit, meditari libertatem iubet. Qui mori didicit, servire
dedidicit; supra omnem potentiam est, certe extra omnem. Quid ad illum
carcer et custodia et claustra? Liberum ostium habet. Una est catena, quae
nos alligatos tenet, amor vitae, qui, ut non est abiciendus, ita minuendus est,
ut, si quando res exiget, nihil nos detineat nec inpediat, quominus parati
simus, quod quandoque faciendum est, statim facere. Vale.

ēruditus: gebildet · **rōbur,** roboris *n. hier:* Kraft · **timidus:** ängstlich, furchtsam · **animam agere:** *Umschreibung für den Todeskampf:* im Sterben liegen · **re|formīdare** aliquid: vor etw. zurückscheuen/zurückbeben.

7 **quid rēfert:** was liegt daran, was macht es · **dī|numerare:** abzählen.

8 **clausula:** Schluß, Ende · **aera cōnficere:** Schuldposten aufbringen, Schulden bezahlen · **viāticum:** Reisegeld, Zehrgeld · **mūtuus** *hier:* geliehen, als Darlehen · **arca:** Kasse, Schatulle · **pusillum:** ein bißchen · **de domo** ≈ aus eigenen Mitteln · **numeratio:** Auszahlung · **commodare** *hier:* aushelfen · **meditari** aliquid: sich auf etw. vorbereiten, etw. einüben.

9 **con|dīscere:** erlernen · **super|vacuus:** überflüssig · **forsitan** (*Adv.*): vielleicht.

10 **dē|dīscere,** didici: verlernen, sich abgewöhnen · **carcer,** eris *n.:* Kerker, Gefängnis · **cūstōdia:** Bewachung, Haft · **claustra** *n.pl.:* Riegel, Gewahrsam · **ōstium:** Eingang, Ausgang · **catēna:** Kette · **al|ligare:** anbinden · **ut non ..., ita** (*wörtlich: wie nicht ..., so:*) zwar nicht ..., aber · **ab|icere,** icio: wegwerfen · **quando:** eines Tages, einmal · **ex|igere** *hier:* verlangen · **dē|tinēre:** abhalten · **quandōque:** irgendwann einmal, über kurz oder lang.

35 SENECA LUCILIO SUO SALUTEM

1 Cum te tam valde rogo, ut studeas, meum negotium ago: habere amicum
volo, quod contingere mihi, nisi pergis, ut coepisti, excolere te, non potest.
Nunc enim amas me, amicus non es. ‘Quid ergo? Haec inter se diversa
sunt?’ Immo dissimilia. Qui amicus est, amat; qui amat, non utique amicus
est; itaque amicitia semper prodest, amor aliquando etiam nocet. Si nihil
2 aliud, ob hoc profice, ut amare discas. Festina ergo, dum mihi proficis, ne
istuc alteri didiceris. Ego quidem percipio iam fructum, cum mihi fingo uno
nos animo futuros et, quidquid aetati meae vigoris abscessit, id ad me ex tua,
quamquam non multum abest, rediturum; sed tamen re quoque ipsa esse
3 laetus volo. Venit ad nos ex iis, quos amamus, etiam absentibus gaudium,
sed id leve et evanidum. Conspectus et praesentia et conversatio habet
aliquid vivae voluptatis, utique si non tantum, quem velis, sed, qualem velis,
videas. Adfer itaque te mihi, ingens munus, et quo magis instes, cogita te
4 mortalem esse, me senem. Propera ad me, sed ad te prius. Profice et ante
omnia hoc cura, ut constes tibi. Quotiens experiri voles, an aliquid actum
sit, observa, an eadem hodie velis, quae heri; mutatio voluntatis indicat animum natare, aliubi atque aliubi apparere, prout tulit ventus. Non vagatur, quod fixum atque fundatum est. Istud sapienti perfecto contingit, aliquatenus et proficienti provectoque. Quid ergo interest? Hic commovetur quidem, non tamen transit, sed suo loco nutat; ille ne commovetur quidem. Vale.

---

35 **excolere:** veredeln, vervollkommnen · **utīque:** unter allen Umständen, auf jeden Fall · **aliquando** *hier:* manchmal · **si nihil aliud, ob hoc:** wenn zu keinem anderen Zweck, so doch dazu · **prōficere:** Fortschritte machen, sich weiterentwickeln.

2 **fēstīnare:** sich beeilen · **dum** + *Ind.:* während, *hier fast* ≈ wo doch · **istuc:** *verstärktes* istud · **alteri:** für jemand anderen (*Seneca ist schon sehr alt*) · **fructum percipere:** Lohn/Belohnung erhalten · **fingere** + *a.c.i. hier:* träumen/sich vorstellen, daß · **vigor:** Kraft, Spannkraft, Frische; vigoris *gehört zu* quidquid · **abscēdere:** sich entfernen, schwinden · **abest** *sc.* tua aetas a mea: *Lucilius war selbst nur etwa 10 Jahre jünger* · **res ipsa:** die Sache selbst (*im Gegensatz zu ihrer bloßen Erträumung*).

3 **ēvānidus:** blaß, kraftlos · **praesentia:** die (persönliche) Gegenwart/Anwesenheit · **conversatio:** Umgang, Verkehr · **utīque si:** besonders wenn, zumal wenn · **quo magis** ≈ ut eo magis · **īnstare** *hier:* sich einsetzen, hart arbeiten.

4 **prius:** vorher, zuvor · **prōficere:** Fortschritte machen, sich weiterentwickeln · **sibi cōnstare:** sich treu bleiben, konsequent sein · **quotiēns:** sooft · **agere** *hier:* schaffen, zustandebringen · **mūtatio:** Änderung, Veränderung · **indicare:** anzeigen, verraten · **natare:** schwimmen, schwanken · **aliubi atque aliubi:** hier und dort; bald hier, bald dort · **pro|ut:** je nachdem wie · **vagari:** umherstreifen, streunen · **figere,** fīxi, fīxum: befestigen, verankern · **fundare:** festmachen, fest begründen · **aliquātenus:** bis zu einem gewissen Grade · **prōvehi,** prōvectus sum: Fortschritte machen, vorankommen · **trānsire:** *sc. in die Richtung, in die er gezogen/gestoßen wird* · **nūtare:** schwanken, wackeln.

41 SENECA LUCILIO SUO SALUTEM

1 Facis rem optimam et tibi salutarem, si, ut scribis, perseveras ire ad bonam
mentem, quam stultum est optare, cum possis a te inpetrare. Non sunt ad
caelum elevandae manus nec exorandus aedituus, ut nos ad aurem simu-
lacri, quasi magis exaudiri possimus, admittat: prope est a te deus, tecum
2 est, intus est. Ita dico, Lucili: sacer intra nos spiritus sedet, malorum bono-
rumque nostrorum observator et custos; hic prout a nobis tractatus est, ita
nos ipse tractat. Bonus vero vir sine deo nemo est: an potest aliquis supra
fortunam nisi ab illo adiutus exsurgere? Ille dat consilia magnifica et erecta.
In unoquoque virorum bonorum
'(quis deus incertum est) habitat deus.'
3 Si tibi occurrerit vetustis arboribus et solitam altitudinem egressis frequens
lucus et conspectum caeli densitate ramorum aliorum alios protegentium
summovens, illa proceritas silvae et secretum loci et admiratio umbrae in
aperto tam densae atque continuae fidem tibi numinis faciet. Si quis specus
saxis penitus exesis montem suspenderit, non manu factus, sed naturalibus
causis in tantam laxitatem excavatus, animum tuum quadam religionis
suspicione percutiet. Magnorum fluminum capita veneramur; subita ex
abdito vasti amnis eruptio aras habet; coluntur aquarum calentium fontes,
4 et stagna quaedam vel opacitas vel immensa altitudo sacravit. Si

---

salutaris, e: heilsam, nützlich · **persevērare:** fortfahren, beharren · **bona mens:** *ein bei S. häufig wiederkehrender Begriff; er kann immer nur aus dem gesamten Kontext heraus treffend wiedergegeben werden (vgl. zu ep. 16,1 und zu 23,1 mit A 9 a)* · **optare** *sc.* a deis · **e|levare:** aufheben, emporheben · **aedituus:** Tempelhüter · **simulācrum** *hier:* Götterbild · **prope a/ab** + *Abl.:* nahe bei · **intus** (*Adv.*): drinnen, im Innern.

2 **spīritus,** us: Hauch, Atem; Geist. *Nach stoischer Auffassung durchwaltet Gott als (griech.) Pneuma, (lat.) spiritus die Welt und damit auch den menschlichen Körper* · **observator:** Beobachter · **pro|ut:** so wie · **an:** *leitet eine Frage mit negativem Sinn ein und dient dazu, die vorangegangene Behauptung durch lebhafte Ablehnung des Gegenteils zu bekräftigen; i.D.:* oder etwa · **magnificus:** großartig, glänzend · **e|rectus:** aufrecht, erhaben · **„quis deus ...":** *Zitat aus Vergil, Aeneis VIII 352.*

3 **occurrere** *hier:* vor Augen kommen, sich darbieten · **vetustus:** alt · **solitus:** gewöhnlich, üblich · **frequens** aliqua re: voll von etw. ≈ dicht bestanden mit etw. · **lūcus:** Hain, Wald · **densitas:** Dichte · **rāmus:** Ast, Zweig · **protegere:** bedecken, überdecken · **summovēre:** entfernen, entziehen · **procēritas:** hoher Wuchs, Höhe · **sēcrētum:** Abgeschiedenheit, Einsamkeit · **in aperto:** unter freiem Himmel (*also nicht etwa in einem Tempel;* in: *hier konzessiv*) · **fides numinis:** Glauben an eine Gottheit · **specus,** us: Höhle · **ex|edere,** edo, ēdi, ēsum: ausfressen, aushöhlen · **penitus** (*Adv.*): tief hinein, im Innern · **suspendere:** in der Schwebe halten, über sich tragen · **laxitas:** Weite, Geräumigkeit · **excavare:** aushöhlen · **suspicio** *hier:* Ahnung · **religio** *hier:* das Heilige, Göttliche; göttliche Macht · **percutere,** cutio: erschüttern, erfüllen · **caput** *hier:* Quelle · **venerari:** verehren, anbeten · **ex abdito:** aus dem Verborgenen · **vāstus:** ungeheuer, gewaltig · **eruptio:** Ausbruch, Hervorbrechen · **āra:** Altar · **calēre:** warm sein · **fons,** fontis *m.:* Quelle · **stāgnum:** stehendes Wasser, See · **opācitas:** Schatten, schattiges Dunkel · **immensus:** unermeßlich · **sacrare:** heiligen, Verehrung schaffen.

hominem videris interritum periculis, intactum cupiditatibus, inter adversa
felicem, in mediis tempestatibus placidum, ex superiore loco homines
videntem, ex aequo deos, non subibit te veneratio eius? non dices: 'Ista res
maior est altiorque, quam ut credi similis huic, in quo est, corpusculo
5 possit'? Vis isto divina descendit; animum excellentem, moderatum,
omnia tamquam minora transeuntem, quidquid timemus optamusque
ridentem, caelestis potentia agitat. Non potest res tanta sine adminiculo
numinis stare; itaque maiore sui parte illic est, unde descendit. Quemad-
modum radii solis contingunt quidem terram, sed ibi sunt, unde mittuntur,
sic animus magnus ac sacer et in hoc demissus, ut propius divina nossemus,
conversatur quidem nobiscum, sed haeret origini suae; illinc pendet, illuc
6 spectat ac nititur, nostris tamquam melior interest. Quis est ergo hic
animus? qui nullo bono nisi suo nitet. Quid enim est stultius quam in
homine aliena laudare? quid eo dementius, qui ea miratur, quae ad alium
transferri protinus possunt? Non faciunt meliorem equum aurei freni.
Aliter leo aurata iuba mittitur, dum contractatur et ad patientiam recipi-
endi ornamenti cogitur fatigatus, aliter incultus, integri spiritus: hic sci-
licet impetu acer, qualem illum natura esse voluit, speciosus ex horrido,
cuius hic decor est, non sine timore aspici, praefertur illi languido et
7 bratteato. Nemo gloriari nisi suo debet. Vitem laudamus, si fructu
palmites onerat, si ipsa pondere ad terram eorum, quae tulit, adminicula
deducit: num quis huic illam praeferret vitem, cui aureae uvae, aurea folia

4 **adversum:** Unglück, Mißgeschick · **placidus:** ruhig · **ex superiore loco:** von höherer Warte · **ex aequo** *sc.* loco · **subire** *hier:* ergreifen · **veneratio:** Verehrung · **corpusculum:** *Demin. zu corpus (in verächtlichem Sinn):* der armselige Körper.

5 **isto** (*Adv.*): dorthin · **excellens,** *Gen.* ntis: hervorragend · **moderatus:** besonnen, ruhig · **transire** *hier:* übergehen, übersehen · **minor,** us: geringfügiger ≈ unwesentlich · **adminiculum:** Stütze, Hilfe · **sui** ≈ seines Wesens · **illic** (*Adv.*): dort · **radius:** Strahl · **in hoc:** dazu, zu dem Zweck (*bereitet den* ut-*Satz vor*) · **conversari:** verkehren · **haerēre** alicui (rei): an j-m/etw. hängen, mit j-m/etw. verbunden sein · **illinc** (*Adv.*): von dort · **illuc niti:** dorthin streben · **nostris** (*n.pl.*) **interest** ≈ nimmt an unserem Leben teil.

6 **nitēre:** glänzen, strahlen · **eo:** *Abl. des Vergleichs* · **demens,** *Gen.* ntis: unsinnig, töricht · **protinus** (*Adv.*): sofort · **aureus:** golden · **frēnum** (*pl.:* -a *und* -i): Zügel · **aliter – aliter** (auf die eine Weise – auf die andere Weise): „es ist etwas anderes, ob – oder" · **iuba:** Mähne; **aurata iuba:** *die für die Arena bestimmten Tiere wurden (mit Gold) geschmückt.* · **mittitur** *sc.* in arenam · **contractare:** streicheln · **patientia:** Geduld, Erdulden · **fatigare:** ermüden · **incultus:** ungeschmückt · **spiritus** (*vgl. § 2*) *hier:* Sinnesart, Art, Wesen · **speciosus:** schön, prächtig · **horridus:** struppig, wild; **ex horrido:** „aufgrund seines schrecklichen Aussehens" · **decor:** Schmuck · **hic** *bereitet den folgenden Infinitiv* (aspici) *vor;* **hic . . . est:** besteht darin, daß . . . · **praeferre:** vorziehen · **languidus:** schlaff, matt, träge · **bratteatus:** goldgeschmückt.

7 **vitis,** is *f.:* Weinstock · **palmes,** itis *m.:* Rebzweig · **onerare:** beladen · **ferre** *hier:* tragen, hervorbringen · **eorum, quae tulit:** *gemeint sind die „Früchte"* · **adminiculum** (*vgl. § 5*): Stütze · **ūva:** Traube · **folium:** Blatt · **illam... vitem...:** *der „goldene Weinstock" war ein berühmtes Kunstwerk aus Lydien in Kleinasien; Herodot erwähnt es (7,27)* ·

dependent? Propria virtus est in vite fertilitas; in homine quoque id
laudandum est, quod ipsius est. Familiam formosam habet et domum
pulchram, multum serit, multum fenerat: nihil horum in ipso est sed circa
8 ipsum. Lauda in illo, quod nec eripi potest nec dari, quod proprium
hominis est. Quaeris, quid sit? animus et ratio in animo perfecta. Rationale
enim animal est homo; consummatur itaque bonum eius, si id inplevit, cui
9 nascitur. Quid est autem, quod ab illo ratio haec exigat? rem facillimam,
secundum naturam suam vivere. Sed hanc difficilem facit communis in-
sania: in vitia alter alterum trudimus. Quomodo autem revocari ad salu-
tem possunt, quos nemo retinet, populus inpellit? Vale.

47 SENECA LUCILIO SUO SALUTEM

1 Libenter ex iis, qui a te veniunt, cognovi familiariter te cum servis tuis
vivere: hoc prudentiam tuam, hoc eruditionem decet. 'Servi sunt.' Immo
homines. 'Servi sunt.' Immo contubernales. 'Servi sunt.' Immo humiles
amici. 'Servi sunt.' Immo conservi, si cogitaveris tantundem in utrosque
2 licere fortunae. Itaque rideo istos, qui turpe existimant cum servo suo
cenare: quare, nisi quia superbissima consuetudo cenanti domino stantium
servorum turbam circumdedit? Est ille plus quam capit, et ingenti aviditate
onerat distentum ventrem ac desuetum iam ventris officio, ut maiore opera
3 omnia egerat quam ingessit. At infelicibus servis movere labra ne in hoc
quidem, ut loquantur, licet; virga murmur omne conpescitur, et ne fortuita
quidem verberibus excepta sunt, tussis, sternumenta, singultus; magno
malo ulla voce interpellatum silentium luitur; nocte tota ieiuni mutique

---

fertilitas: Fruchtbarkeit · **formosus:** wohlgestaltet, stattlich · **serere:** (aus)säen · **fēnerare:** gegen Zinsen ausleihen.

8 **consummare:** zur Vollendung bringen · **inplēre:** erfüllen · **cui nascitur:** wozu er geboren wird.

9 **exigere:** fordern · **secundum naturam vivere:** *Grundsatz der Stoa, vgl. zu ep. 16,7* · **insānia:** Unverstand · **trūdere:** stoßen, treiben · **revocari ad salutem** ≈ servari · **inpellere:** antreiben.

47 **ērudītio:** Bildung · **decēre:** schmücken, zieren, passen · **immo:** *gibt an, daß das vorher Gesagte nicht zutrifft:* nein vielmehr · **contubernalis:** Zeltkamerad, Hausgenosse · **humilis:** (rang)niedrig · **si cogitaveris:** *potentialer Konj. Pf., zeitstufenneutral gebraucht von einer Möglichkeit/Annahme* · **tantundem:** ebensoviel, genausoviel · **licet** alicui aliquid **in** aliquem: j-m gegenüber steht j-m etw. frei/ist j-m etw. erlaubt.

2 **cēnare:** speisen · **est:** *von* edere: essen · **aviditas:** Gier, Sucht · **onerare:** belasten, überladen · **distentus** (*von* dis|tendere: anspannen): prall gefüllt · **venter,** tris *m.:* Bauch, Magen · **desuētus:** entwöhnt · **ē|gerere,** gessi, gestum: hinausschaffen, hinausbringen (*aus dem Körper, ggf. durch Brechmittel*).

3 **īnfēlīx:** unglücklich · **labrum:** Lippe · **virga:** Rute, Stock · **murmur,** ris *n.:* Murmeln, Gemurmel · **conpēscere:** einschränken, unterdrücken · **fortuītus:** zufällig, unbeabsichtigt · **verbera** *n.pl.:* Schläge, Prügel · **ex|cipere,** io, cepi, ceptum: ausnehmen, eine Ausnahme machen, *hier:* verschonen mit · **tussis, sternūmenta** (*n.pl.*), **singultus:** Husten, Niesen, Schluckauf · **interpellare:** unterbrechen, stören · **luere:** büßen, bezahlen · **iēiūnus:** nüchtern, mit leerem Magen · **mūtus:** stumm · **perstare:** (hindurch) stehen, (unverändert) stehen bleiben.

4 perstant. Sic fit, ut isti de domino loquantur, quibus coram domino loqui
non licet. At illi, quibus non tantum coram dominis sed cum ipsis erat
sermo, quorum os non consuebatur, parati erant pro domino porrigere cervi-
cem, periculum inminens in caput suum avertere; in conviviis loquebantur,
5 sed in tormentis tacebant. Deinde eiusdem adrogantiae proverbium iacta-
tur, totidem hostes esse quot servos: non habemus illos hostes sed facimus.
Alia interim crudelia, inhumana praetereo, quod ne tamquam hominibus
quidem, sed tamquam iumentis abutimur, quod, cum ad cenandum discu-
buimus, alius sputa deterget, alius reliquias temulentorum toro subditus
6 colligit. Alius pretiosas aves scindit; per pectus et clunes certis ductibus
circumferens eruditam manum frusta excutit, infelix, qui huic uni rei vivit,
ut altilia decenter secet, nisi quod miserior est, qui hoc voluptatis causa
7 docet, quam qui necessitatis discit. Alius vini minister in muliebrem
modum ornatus cum aetate luctatur: non potest effugere pueritiam, retrahi-
tur, iamque militari habitu glaber retritis pilis aut penitus evulsis tota nocte
pervigilat, quam inter ebrietatem domini ac libidinem dividit et in cubiculo
8 vir, in convivio puer est. Alius, cui convivarum censura permissa est,
perstat infelix et expectat, quos adulatio et intemperantia aut gulae aut
linguae revocet in crastinum. Adice obsonatores, quibus dominici palati
notitia subtilis est, qui sciunt, cuius illum rei sapor excitet, cuius delectet
aspectus, cuius novitate nauseabundus erigi possit, quid iam ipsa satietate

4 **cōnsuere** *wörtlich:* zusammennähen · **porrigere:** ausstrecken, darbieten · **cervīx,** īcis *f.:* Hals, Nacken · **convīvium:** Festessen, Gastmahl · **tormentum:** Folter. *Die Folter als Mittel der Wahrheitsfindung wurde häufig gegen Sklaven angewendet, in bestimmten Fällen auch, um Aussagen gegen den Eigentümer des Sklaven zu erhalten.*

5 **adrogantia:** Anmaßung, Hochmut, Arroganz · **prōverbium:** Sprichwort · **iactare** (wiederholt hinwerfen) ≈ (immer wieder) vorbringen · **totidem** (*Adv.*): ebenso viele · **iūmentum:** (Zug-) Vieh · **abūti:** mißbrauchen · **cēnare:** speisen · **discumbere,** cubui: sich zu Tisch begeben · **spūtum:** Spucke, Speichel · **detergēre:** abwischen, wegwischen · **tēmulentus:** betrunken · **torus:** Polster, Sofa · **subditus** *wörtlich:* unter etw. liegend.

6 **avis,** is *f.:* Vogel · **scindere:** zerteilen, tranchieren · **clūnis,** is *m.:* Hinterkeule, Schenkel · **ductus,** us: Ziehen, Zug, Führung · **circumferre:** hin- und herbewegen · **ērudītus:** gebildet, geschult · **frūstum:** Brocken, Stück · **excutere** *wörtlich:* herausschlagen · **īnfēlīx:** unglücklich · **altilia** *n.pl.:* Mastgeflügel · **decenter:** ordentlich, anständig · **secare:** zerschneiden.

7 **vīni minister:** Mundschenk · **muliebrem in modum:** auf Frauenart · **luctari:** ringen · **retrahere:** zurückziehen, zurückhalten · **habitus,** us: äußere Erscheinung · **glaber:** glatt · **re|terere,** trīvi, trītum: abreiben · **pilus:** Körperhaar · **penitus** (*Adv.*): tief hinein ≈ mit der Wurzel · **e|vellere,** velli, vulsum: ausreißen · **pervigilare:** durchwachen · **ēbrietas:** Trunkenheit · **cubiculum:** Schlafzimmer · **convīvium:** Tischgesellschaft, Gastmahl.

8 **convīvārum cēnsūra:** (kritische) Beurteilung der Gäste · **perstat īnfēlīx:** *s. § 3* · **adūlātio:** Unterwürfigkeit, Schmeichelei · **intemperantia:** Maßlosigkeit, Unmäßigkeit · **gula:** Schlund, Speiseröhre · **re|vocare** *hier* ≈ zur Wiedereinladung empfehlen · **crāstinus** (*sc.* dies): der folgende Tag · **ad|icere:** hinzufügen · **obsōnātor:** Einkäufer (*von Fleisch, Fisch, Gemüse, Obst usw.*) für die Küche · **palātum:** Gaumen · **nōtitia:** Bekanntschaft, Kenntnis · **subtīlis:** fein, zart; feinfühlend, empfindlich · **sapor,** ōris *m.:* Geschmack · **excitare:** reizen · **nauseābundus** (nausea: Seekrankheit, Brechreiz): mit verdorbenem Magen · **satietas:** Sättigung, Überdruß

fastidiat, quid illo die esuriat. Cum his cenare non sustinet et maiestatis suae
deminutionem putat ad eandem mensam cum servo suo accedere. Di
9 melius! quot ex istis dominos habet! Stare ante limen Callisti dominum
suum vidi et eum, qui illi inpegerat titulum, qui inter reicula mancipia
produxerat, aliis intrantibus excludi. Rettulit illi gratiam servus ille in pri-
mam decuriam coniectus, in qua vocem praeco experitur: et ipse illum invi-
cem apologavit, et ipse non iudicavit domo sua dignum. Dominus Callistum
10 vendidit: sed domino quam multa Callistus! Vis tu cogitare istum, quem
servum tuum vocas, ex isdem seminibus ortum eodem frui caelo, aeque
spirare, aeque vivere, aeque mori! tam tu illum videre ingenuum potes,
quam ille te servum. Variana clade multos splendidissime natos, senato-
rium per militiam auspicantes gradum, fortuna depressit: alium ex illis
pastorem, alium custodem casae fecit. Contemne nunc eius fortunae homi-
nem, in quam transire, dum contemnis, potes.
11 Nolo in ingentem me locum inmittere et de usu servorum disputare, in quos
superbissimi, crudelissimi, contumeliosissimi sumus. Haec tamen prae-
cepti mei summa est: sic cum inferiore vivas, quemadmodum tecum supe-
riorem velis vivere. Quotiens in mentem venerit, quantum tibi in servum
12 tuum liceat, veniat in mentem tantundem in te domino tuo licere. ‘At

---

· **fāstīdire** aliquid: vor etw. Ekel/Abscheu empfinden · **ēsurire** aliquid: auf etw. Hunger/Appetit haben · **cēnare**: speisen · **māiestas**: Würde, Hoheit; *Eigenschaft, die (neben den Göttern, dem röm. Volk, dem Kaiser, den Beamten) auch dem Familienoberhaupt gegenüber seinen Abhängigen zugesichert war. Eine Verletzung der maiestas stellte ein schwerwiegendes Delikt dar, das crimen (minutae) maiestatis; S. spielt hier offenbar auf die in der Kaiserzeit immer häufiger werdenden maiestas-Prozesse an.* · **dēminūtio**: Minderung, Beeinträchtigung · **di melius** (*sc.* dent: die Götter mögen es besser geben) ≈ Gott sei's geklagt!

9 **līmen,** liminis *n.:* Türschwelle · **Callistus:** C. Iulius Callistus, *Freigelassener des Caligula; unter dessen Nachfolger Claudius hatte er großes Ansehen bei Hofe. Wer sein erster Herr war, von dem hier die Rede ist, weiß man nicht* · **inpingere,** pegi, pactus: anheften, umhängen · **titulus:** Aufschrift (*auf einem Täfelchen; sie enthielt Angaben über den angebotenen Sklaven*) · **rēiculum mancipium:** unbrauchbarer/wertloser Kaufsklave · **prōdūcere** *hier:* zum Verkauf vorführen, ausstellen · **intrare:** eintreten · **exclūdere:** ausschließen · **prima decuria:** die erste Zehnergruppe; *die schlechteste Ware wurde zuerst angeboten* · **praecō:** Ausrufer, Auktionator · **in|vicem** (*Adv.*): zur Abwechslung, umgekehrt · **apologare:** verwerfen, verschmähen · **sed domino quam multa Callistus:** *das Prädikat muß ergänzt werden, etwa* „hat C. heimgezahlt“.

10 **vis** + *Inf.:* willst du nicht . . . ? ≈ bitte . . . ! · **sēmen,** inis *n.:* Same · **spīrare:** atmen · **ingenuus:** frei(geboren) · **Variana clades:** die Niederlage unter Varus *i.J. 9 n.Chr.; P. Quinctilius Varus wurde mit seinen Truppen (3 Legionen, 3 Reiterschwadronen, 6 Auxiliarkohorten) im Teutoburger Wald geschlagen (s. Tacitus, Ann. 1.59,4f.)* · **splendide natus:** von glänzender Geburt, von vornehmer Abkunft · **senātōrium gradum auspicari** (den Senatorenrang beginnen) ≈ die Senatorenlaufbahn einschlagen. *Der Kriegsdienst war eine wichtige Voraussetzung für den Zugang zur hochgeachteten Stellung eines Senators* · **dēprimere,** pressi, pressum: niederdrücken, zu Boden drücken · **pāstor:** Hirt · **casa:** Hütte.

11 **se inmittere in ingentem locum:** sich auf ein riesiges Gebiet einlassen · **contumēliosus:** verletzend, beleidigend · **summa:** wichtigster Punkt, Hauptsache · **īnferior:** (rang)niedriger · **superior:** (rang)höher · **quotiēns:** wie oft, sooft · **tantundem:** ebensoviel.

ego', inquis, 'nullum habeo dominum.' Bona aetas est: forsitan habebis.
Nescis, qua aetate Hecuba servire coeperit, qua Croesus, qua Darei mater,
13 qua Platon, qua Diogenes? Vive cum servo clementer, comiter quoque, et
in sermonem illum admitte et in consilium et in convictum. – Hoc loco
adclamabit mihi tota manus delicatorum: 'nihil hac re humilius, nihil
turpius'. Hos ego eosdem deprehendam alienorum servorum osculantes
14 manum. Ne illud quidem videtis, quam omnem invidiam maiores nostri
dominis, omnem contumeliam servis detraxerint? Dominum patrem fami-
liae appellaverunt, servos, quod etiam in mimis adhuc durat, familiares;
instituerunt diem festum, non quo solo cum servis domini vescerentur, sed
quo utique; honores illis in domo gerere, ius dicere permiserunt et domum
15 pusillam rem publicam esse iudicaverunt. 'Quid ergo? omnes servos
admovebo mensae meae?' Non magis quam omnes liberos. Erras, si
existimas me quosdam quasi sordidioris operae reiecturum, ut puta illum
mulionem et illum bubulcum. Non ministeriis illos aestimabo sed mori-
bus: sibi quisque dat mores, ministeria casus adsignat. Quidam cenent
tecum, quia digni sunt, quidam, ut sint; si quid enim in illis ex sordida
16 conversatione servile est, honestiorum convictus excutiet. Non est, mi
Lucili, quod amicum tantum in foro et in curia quaeras: si diligenter adten-
deris, et domi invenies. Saepe bona materia cessat sine artifice: tempta et

---

12 **bona aetas:** die guten Jahre, die schöne Zeit · **forsitan:** vielleicht · **Hecuba:** *Gattin des trojanischen Königs Priamus, nach der Eroberung Trojas als Sklavin fortgeführt* · **Croesus:** *letzter König von Lydien; berühmt wegen seines unermeßlichen Reichtums. Nach der Niederlage im Krieg gegen Persien geriet er in die Gefangenschaft des Cyrus* · **Darei mater:** *Sisygambis, die Mutter Darius' III., kam nach der Schlacht von Issus in die Gefangenschaft Alexanders* · **Platon:** *der athenische Philosoph wurde als etwa Vierzigjähriger auf der Rückreise von Sizilien widerrechtlich – wie es heißt, im Auftrag seines gewesenen Gastgebers Dionysius – auf dem Sklavenmarkt von Ägina zum Verkauf angeboten. Hier soll ihn der Philosoph Annikeris freigekauft und in die Heimat geschickt haben* · **Diogenes:** D. von Sinope, *Philosoph, wurde von Seeräubern gefangen und in Kreta als Sklave verkauft.*

13 **clēmēns:** mild, rücksichtsvoll · **cōmis:** freundlich, zuvorkommend · **convīctus,** us: Zusammenleben, Gesellschaft · **dēlicātus:** elegant, *hier Subst.:* Genießer, feiner Herr · **dēprehendere:** antreffen, ertappen · **ōsculari:** küssen.

14 **contumēlia:** Mißachtung, Kränkung, Beleidigung · **dētrahere,** traxi, tractum: (weg)nehmen, entziehen · **mīmus:** mimisches Schauspiel, Posse. *Stoff des Mimus war meist das Leben der kleinen Leute mit ihren Schwächen (Kauf und Betrug, Gericht, Diebstahl, Kuppelei, Prügeleien usw.). Dabei ging es meist unverblümt und sehr deftig zu. Sprechszenen und Gesang wechselten* · **dūrare** *hier:* andauern, noch existieren · **diēs fēstus:** Festtag; *gemeint ist wohl das Saturnalienfest (17. Dezember), an dem man sich beschenkte und an dem auch die Sklaven besondere Freiheiten besaßen. Es galt als das schönste Fest des Jahres.* · **non quo solo** = non ut eo (die) solo · **vesci:** speisen · **ūtique:** unter allen Umständen (*auch an anderen Festen kam es vor, daß der Herr mit seinen Sklaven speiste, an diesem Festtag war es obligatorisch)* · **pusillus:** winzig.

15 **sordidus:** schmutzig, niedrig · **rēicere,** icio, ieci iectum: ablehnen, verwerfen, zurückweisen · **ut puta** ≈ wie z.B. · **mūlio:** Maultiertreiber, Kutscher · **bubulcus:** Ochsentreiber · **ministerium:** Dienstleistung, Aufgabe · **adsīgnare:** zuteilen, zuweisen · **conversatio:** Umgang, Verkehr · **excutere** (herausstoßen): vertreiben · **convīctus:** *s. zu § 13.*

16 **nōn est, quod** + *Konj.:* es gibt keinen Grund dafür, daß · **adtendere:** aufpassen · **cessare** *hier:* brachliegen, nicht genutzt werden ·

experire. Quemadmodum stultus est, qui equum empturus non ipsum inspicit sed stratum eius ac frenos, sic stultissimus est, qui hominem aut ex veste aut ex condicione, quae vestis modo nobis circumdata est,
17 aestimat. 'Servus est.' Sed fortasse liber animo. 'Servus est.' Hoc illi nocebit? Ostende, quis non sit: alius libidini servit, alius avaritiae, alius ambitioni, omnes spei, omnes timori. Dabo consularem aniculae servientem, dabo ancillulae divitem, ostendam nobilissimos iuvenes mancipia pantomimorum: nulla servitus turpior est quam voluntaria. Quare non est, quod fastidiosi isti te deterreant, quominus servis tuis hilarem te praestes et non superbe superiorem: colant potius te quam timeant.
18 Dicet aliquis nunc me vocare ad pilleum servos et dominos de fastigio suo deicere, quod dixi, 'colant potius dominum quam timeant'. 'Ita', inquit, 'prorsus? colant tamquam clientes, tamquam salutatores?' Hoc qui dixerit, obliviscetur id dominis parum non esse, quod deo sat est. Qui colitur, et
19 amatur: non potest amor cum timore misceri. Rectissime ergo facere te iudico, quod timeri a servis tuis non vis, quod verborum castigatione uteris: verberibus muta admonentur. Non, quidquid nos offendit, et laedit; sed ad rabiem cogunt pervenire deliciae, ut, quidquid non ex voluntate respondit,
20 iram evocet. Regum nobis induimus animos; nam illi quoque obliti et suarum virium et inbecillitatis alienae sic excandescunt, sic saeviunt, quasi iniuriam acceperint, a cuius rei periculo illos fortunae suae magnitudo tutissimos praestat. Nec hoc ignorant, sed occasionem nocendi captant querendo; acceperunt iniuriam, ut facerent.
21 Diutius te morari nolo; non est enim tibi exhortatione opus. Hoc habent inter cetera boni mores: placent sibi, permanent. Levis est malitia, saepe mutatur, non in melius sed in aliud. Vale.

---

strātum: Pferdedecke, Schabracke · **frēnī** *m.pl.*: Zaumzeug, Zäumung · **modō** alicuius rei: nach Art von etw., wie etw.
17 **dare** *hier:* zeigen, nennen · **anicula**: altes Weib, altes Mütterchen · **ancillula** *(Demin.)*: Dienerin, Magd · **mancipium**: (Kauf-)Sklave · **pantomīmus**: Pantomime (*Schauspieler, der sich nur durch seine Gebärden mitteilt*) · **voluntārius**: freiwillig · **fastīdiosus**: blasiert, vornehmtuerisch · **hilaris**: heiter, fröhlich · **se praestare** + *präd. Akk.*: sich (so und so) zeigen.
18 **pilleus**: der Pilleus, (*kegelförmige*) *Mütze in Rom; Symbol der libertas; wurde bei Freilassungen, bei den Saturnalien und allg. vom einfachen Volk getragen;* **ad pilleum vocare** ≈ zur Freiheit aufrufen · **fāstīgium**: Gipfel · **deicere**: hinabstürzen · **ita prōrsus**: ganz und gar so, einfach so · **salūtātor**: der Aufwartende; *jmd., der seinem Patron täglich morgens seine Aufwartung macht* · **sat** = satis.
19 **castīgatio**: Zurechtweisung, Strafe · **verbera** *n.pl.*: Auspeitschung, Prügel · **mūta** *n.pl.*: die stummen *sc.* Kreaturen, die Tiere · **rabiēs**: Wut, Jähzorn · **dēliciae** *f.pl.*: Luxus, Wohlleben.
20 **induere sibi**: anlegen, sich aneignen · **inbēcillitas**: Schwäche, Ohnmacht · **excandēscere**: sich erhitzen, in Jähzorn geraten · **saevire**: wüten, toben · **praestare** *hier* ≈ machen · **queri** *hier:* eine gerichtliche Klage einbringen, (gerichtlich) klagen; *s. auch zu § 8 maiestas.*
21 **exhortatio**: Ermahnung · **levis** *hier:* leicht wandelbar, wankelmütig · **malitia**: Bosheit, Tücke.

53 Seneca geht in dieser Epistel – wie so oft – von einem eigenen Erlebnis aus. Er berichtet von einer kleinen Seereise längs der Küste im Golf von Neapel: Unterwegs brach ein Unwetter los; Seneca litt dabei so sehr unter der Seekrankheit, daß er den Steuermann seines Schiffes zwang, sogar an einer ungünstigen Stelle die Küste anzusteuern. Er wartete dort das Landemanöver gar nicht erst ab, sondern sprang ins Wasser und erreichte so schwimmend das rettende Ufer.
Seneca macht sich nun allgemein Gedanken über das Verhalten des Menschen bei Krankheiten: Je deutlicher die Beschwerden sind, desto eher merkt er sie und reagiert darauf. Anders bei seelischen Krankheiten: Je schlechter es einem geht, desto weniger spürt man sie. Man gleicht einem Schläfer, der besonders tief schläft und daher keinen Traum hat, also ohne jedes Bewußtsein seiner selbst bleibt.

8 Quare vitia sua nemo confitetur? quia etiamnunc in illis est: somnium
narrare vigilantis est, et vitia sua confiteri sanitatis indicium est. Expergis-
camur ergo, ut errores nostros coarguere possimus. Sola autem nos philo-
sophia excitabit, sola somnum excutiet gravem: illi te totum dedica. Dignus
illa es, illa digna te est: ite in complexum alter alterius. Omnibus aliis rebus
9 te nega, fortiter, aperte; non est, quod precario philosopheris. Si aeger
esses, curam intermisisses rei familiaris et forensia tibi negotia excidissent
nec quemquam tanti putares, cui advocatus in remissione descenderes; toto
animo id ageres, ut quam primum morbo liberareris. Quid ergo? non et
nunc idem facies? omnia inpedimenta dimitte et vaca bonae menti: nemo
ad illam pervenit occupatus. Exercet philosophia regnum suum; dat
tempus, non accipit; non est res subsiciva; ordinaria est, domina est, adest
10 et iubet. Alexander cuidam civitati partem agrorum et dimidium rerum
omnium promittenti 'Eo', inquit, 'proposito in Asiam veni, ut non id accipe-
rem, quod dedissetis, sed ut id haberetis, quod reliquissem'. Idem philo-
sophia rebus omnibus: 'Non sum hoc tempus acceptura, quod vobis super-

---

53 **confitēri:** (ein)gestehen · **etiam|nunc:** auch jetzt
8 noch, noch immer · **somnium:** Traum · **vigilare:** wachen, wach sein · **sānitas:** Gesundheit · **expergisci:** erwachen, aufwachen · **coarguere:** deutlich kundgeben, aufdecken · **excitare** *hier:* aufwecken · **excutere,** io: (gewaltsam) vertreiben, verscheuchen · **dedicare:** weihen, widmen · **complexus,** us: Umarmung; **ire in complexum:** sich umarmen · **apertus:** offen(kundig), deutlich · **non est, quod** + *Konj.:* es besteht kein Grund dazu/keine Möglichkeit, daß · **precārio** *(Adv.):* auf Bitten, auf Widerruf *(d.h. es wird etwas geboten, worauf der Empfänger keinen Rechtsanspruch hat, was ihm also jederzeit wieder genommen werden kann).*

9 **aeger:** krank · **forensis,** e *hier:* gerichtlich, öffentlich · **excidere,** cidi: ausfallen · **cui** + *Konj.* = ut ei · **advocatus:** Rechtsbeistand, Anwalt · **in remissione** *sc.* morbi · **descendere** *sc.* in forum *(nämlich von den höher gelegenen, besseren Wohnbezirken Roms nördlich und östlich des Forums)* · **quam primum:** möglichst bald · **vacare** alicui rei: für etwas Zeit haben · **subsicīvus:** abgeschnitten; (beim Zuschneiden) abfallend, überzählig; **res subsiciva:** Nebensache · **ordinarius:** ordentlich; **res ordinaria:** Hauptsache.

10 **Alexander:** *der makedonische König Alexander der Große (356–323 v. Chr.)* · **cuidam civitati** ≈ den Bürgern einer Stadt · **dimidium:** Hälfte · **eo** *gehört zu* proposito, *bereitet den* ut-*Satz vor* · **propositum:** Vorsatz · **idem** *sc.* dicit · **rebus omnibus:** *Dativ (Personifikation!)* ·

11 fuerit, sed id vos habebitis, quod ipsa reiecero'. Totam huc converte mentem, huic adside, hanc cole: ingens intervallum inter te et ceteros fiet; omnes mortales multo antecedes, non multo te dii antecedent. Quaeris, quid inter te et illos interfuturum sit? diutius erunt. At mehercules magni artificis est clusisse totum in exiguo; tantum sapienti sua, quantum deo omnis aetas patet. Est aliquid, quo sapiens antecedat deum: ille naturae
12 beneficio non timet, suo sapiens. Ecce res magna, habere inbecillitatem hominis, securitatem dei. Incredibilis philosophiae vis est ad omnem fortuitam vim retundendam. Nullum telum in corpore eius sedet; munita est, solida; quaedam defetigat et velut levia tela laxo sinu eludit, quaedam discutit et in eum usque, qui miserat, respuit. Vale.

54 SENECA LUCILIO SUO SALUTEM

1 Longum mihi commeatum dederat mala valetudo; repente me invasit. 'Quo genere?' inquis. Prorsus merito interrogas: adeo nullum mihi ignotum est. Uni tamen morbo quasi adsignatus sum, quem quare Graeco nomine appellem nescio; satis enim apte dici suspirium potest. Brevis autem valde et procellae similis est impetus; intra horam fere desinit: quis
2 enim diu exspirat? Omnia corporis aut incommoda aut pericula per me transierunt: nullum mihi videtur molestius. Quidni? aliud enim, quidquid est, aegrotare est, hoc animam egerere. Itaque medici hanc 'meditationem mortis' vocant; facit enim aliquando spiritus ille, quod saepe conatus est.

---

re|icere, icio, ieci: zurückweisen; zuweisen.

11 **convertere:** hinlenken · **adsidēre** alicui: bei j-m sitzen, j-m beistehen · **intervallum:** Zwischenraum, Abstand · **antecedere** aliquem: j-n übertreffen · **mehercul̄es:** *Beteuerungsformel:* beim Herkules, wahrhaftig · **artifex,** icis: Künstler · **clūdere** = claudere · **exiguus:** klein; **in exiguo** ≈ in einem kleinen Gefäß (*Der Sinn des Satzes erschließt sich erst aus dem Folgenden; nach dem 1. Satz von § 12 müßte deutlich sein, wer mit dem* magnus artifex *gemeint ist.*) · **tantum . . . patet** ≈ bietet Raum für so viel · **omnis aetas** ≈ Ewigkeit.

12 **ecce:** sieh da; fürwahr · **inbēcillitas:** Schwäche · **sēcūritas:** Sorglosigkeit, Unbesorgtheit · **fortuīta vis** ≈ vis fortunae · **retundere:** zurückstoßen, unwirksam machen · **sedēre** *hier* ≈ festsitzen, haften (bleiben) · **solidus:** fest, stark · **defetīgare** (= defatīgare): (*eigtl.* müde machen) ≈ um ihre Wirkung bringen · **laxo sinu:** mit dem lockeren Bausch ihres Gewandes · **e|ludere:** (*in der Fechtersprache:*) parieren; spielend auffangen · **discutere:** von sich stoßen, abprallen lassen · **re|spuere:** (zurückspucken; *also*) ≈ zurückschleudern.

54 **commeatus,** us: Urlaub · **invadere,** vasi: angreifen, befallen · **prōrsus** (*Adv.*): völlig, ganz (und gar) · **adsignare:** zuweisen, zuteilen · **quare . . . appellem nescio:** (warum ich . . . benennen soll, weiß ich nicht) ≈ ich brauche . . . nicht zu benennen · **Graeco nomine:** *„Asthma"* · **suspīrium:** Keuchen, Atemnot · **procella:** Sturm (*auch:* stürmischer Angriff) · **impetus** *hier* ≈ Anfall · **ferē** (*Adv.*): etwa; in der Regel, gewöhnlich · **exspīrare:** (die Seele) aushauchen.

2 **incommodum:** Unannehmlichkeit, Not · **transire** *hier:* hindurchgehen · **quidni?:** warum nicht? · **animam ē|gerere** ≈ mit dem Tode ringen · **meditatio** alicuius rei: Vorübung/Vorbereitung auf etw. · **spīritus,** us: Atem.

3 Hilarem me putas haec tibi scribere, quia effugi? Tam ridicule facio, si hoc
fine quasi bona valetudine delector, quam ille, quisquis vicisse se putat, cum
vadimonium distulit. Ego vero et in ipsa suffocatione non desii cogitatio-
4 nibus laetis ac fortibus adquiescere. 'Quid hoc est?' inquam, 'tam saepe
mors experitur me? Faciat: ego illam diu expertus sum.' 'Quando?' inquis.
Antequam nascerer. Mors est non esse. Id quale sit, iam scio: hoc erit post
me, quod ante me fuit. Si quid in hac re tormenti est, necesse est et fuisse,
antequam prodiremus in lucem; atqui nullam sensimus tunc vexatio-
5 nem. Rogo: non stultissimum dicas, si quis existimet lucernae peius esse,
cum extincta est, quam antequam accenditur? Nos quoque et extinguimur
et accendimur: medio illo tempore aliquid patimur, utrimque vero alta se-
curitas est. In hoc enim, mi Lucili, nisi fallor, erramus, quod mortem iudi-
camus sequi, cum illa et praecesserit et secutura sit. Quidquid ante nos fuit,
mors est; quid enim refert, non incipias an desinas, cum utriusque rei hic sit
6 effectus, non esse? His et eiusmodi exhortationibus (tacitis scilicet, nam
verbis locus non erat) adloqui me non desii; deinde paulatim suspirium
illud, quod esse iam anhelitus coeperat, intervalla maiora fecit et retardatum
est. At remansit, nec adhuc, quamvis desierit, ex natura fluit spiritus; sentio
haesitationem quandam eius et moram. Quomodo volet, dummodo non ex
7 animo suspirem. Hoc tibi de me recipe: non trepidabo ad extrema, iam
praeparatus sum, nihil cogito de die toto. Illum tu lauda et imitare, quem
non piget mori, cum iuvet vivere: quae est enim virtus, cum eiciaris, exire?
Tamen est et hic virtus: eicior quidem, sed tamquam exeam. Et ideo
numquam eicitur sapiens, quia eici est inde expelli, unde invitus recedas:
nihil invitus facit sapiens; necessitatem effugit, quia vult, quod coactura est.
Vale.

---

3 **hilaris,** e: heiter, fröhlich · **ridiculus:** lächerlich · **vadimōnium:** Erscheinen vor Gericht, Verhandlungstermin · **suffōcatio:** Erstickungsanfall · **adquiescere:** sich beruhigen.

4 **tormentum:** Marter, Plage, Qual · **prod|ire:** hervortreten, herauskommen · **atqui:** aber (doch); nun aber · **vexatio:** Qual, Plage.

5 **lucerna:** Öllampe · **extinguere** = exstinguere · **accendere:** anzünden · **medium tempus:** Zwischenzeit · **utrimque** *hier:* vorher und nachher · **sēcūritas:** Sorglosigkeit, Ruhe · **iūdicare** *hier:* glauben, meinen · **refert, . . . an:** es macht einen Unterschied/es kommt darauf an, ob . . . oder . . . · **effectus,** us: Wirkung.

6 **exhortatio:** Ermunterung · **tacitus:** still, lautlos · **locus** *hier:* Möglichkeit · **suspīrium** (*s.o. § 1*): Keuchen, Atemnot · **anhēlitus,** us: Kurzatmigkeit; *hier:* Erstickungsanfall · **intervallum:** Zwischenraum, Pause · **retardari:** sich verlangsamen, nachlassen · **remanēre:** zurückbleiben, (dauernd) bleiben · **quamvis** + *Konj.:* wenn auch, obgleich · **ex natura:** von Natur aus, natürlich · **haesitatio:** Stocken · **quomodo volet:** *davor ist zu denken: „soll er's machen"* · **dummodo non** + *Konj.* (non *hier statt ne*): wenn nur nicht · **suspirare:** seufzen, Atemnot leiden.

7 **hoc tibi de me recipe:** nimm dies (als Information) über mich entgegen · **trepidare:** sich ängstigen, zittern · **extrema** *n.pl.:* Lebensende, Tod · **cogitare de** aliqua re: an etw. denken, über etw. nachdenken · **imitari:** nachahmen · **piget:** es verdrießt · **e|icere,** icio: hinauswerfen · **hic:** *Adverb!* · **tamquam** + *Konj.:* (gleich) wie wenn, als ob · **recedere:** weggehen.

61 SENECA LUCILIO SUO SALUTEM

1 Desinamus, quod voluimus, velle. Ego certe id ago, ne senex eadem velim, quae puer volui. In hoc unum eunt dies, in hoc noctes, hoc opus meum est, haec cogitatio, inponere veteribus malis finem. Id ago, ut mihi instar totius vitae dies sit; nec mehercules tamquam ultimum rapio, sed sic illum aspicio,
2 tamquam esse vel ultimus possit. Hoc animo tibi hanc epistulam scribo, tamquam me cum maxime scribentem mors evocatura sit; paratus exire sum, et ideo fruar vita, quia, quam diu futurum hoc sit, non nimis pendeo. Ante senectutem curavi, ut bene viverem, in senectute, ut bene moriar;
3 bene autem mori est libenter mori. Da operam, ne quid umquam invitus facias: quidquid necesse futurum est repugnanti, id volenti necessitas non est. Ita dico: qui imperia libens excipit, partem acerbissimam servitutis effugit, facere quod nolit; non qui iussus aliquid facit, miser est, sed qui invitus facit. Itaque sic animum componamus, ut, quidquid res exiget, id velimus,
4 et in primis, ut finem nostri sine tristitia cogitemus. Ante ad mortem quam ad vitam praeparandi sumus. Satis instructa vita est, sed nos in instrumenta eius avidi sumus; deesse aliquid nobis videtur et semper videbitur: ut satis vixerimus, nec anni nec dies faciunt, sed animus. Vixi, Lucili carissime, quantum satis erat; mortem plenus expecto. Vale.

70 SENECA LUCILIO SUO SALUTEM

1 Post longum intervallum Pompeios tuos vidi. In conspectum adulescentiae meae reductus sum; quidquid illic iuvenis feceram, videbar mihi facere
2 adhuc posse et paulo ante fecisse. Praenavigavimus, Lucili, vitam et quemadmodum in mari, ut ait Vergilius noster,

'terraeque urbesque recedunt,'

sic in hoc cursu rapidissimi temporis primum pueritiam abscondimus,

---

61 **īnstar** *n. (indeklinabel)* alicuius rei: gleich gewichtig wie · **meherculēs:** *Beteuerungsformel:* beim Hercules!

2 **cum maxime scribens:** gerade beim Schreiben · **evocare:** aufrufen, vorladen, zu den Waffen rufen · **pendēre** (+ *ind. Frage*): unentschieden sein, zweifeln.

3 **repūgnare:** Widerstand leisten, sich sträuben · **libens:** *Adjektiv statt des Adverbs libenter, weil die Bereitwilligkeit sich auf die ganze Person erstreckt, nicht auf die eine Handlung begrenzt wird* · **exigere:** verlangen, fordern · **in prīmīs** (= imprimis): vor allem · **finem nostri:** *der Gen. obiectivus (nicht: Possessivpronomen nostrum) unterstreicht, daß das Ende nicht uns gehört, sondern uns auferlegt ist.*

4 **avidus in** aliquid: auf etw. begierig/versessen.

70 **intervāllum:** Zwischenraum, (Zwischen-)Zeit · **Pompeios tuos:** *Lucilius war in der Nähe von Pompeji geboren; gemeinsame Erinnerungen an diese Landschaft verbanden die Freunde* · **illīc:** dort.

2 **praenavigare** aliquid: an etw. vorbeisegeln · **terraeque urbesque recedunt:** *Zitat aus Vergil, Aeneis 3.72* · **-que ... -que** ≈ et ... et · **recēdere:** zurückweichen, aus dem Blickfeld verschwinden · **rapidus:** reißend, ungestüm, flüchtig · **pueritia:** Kindheit (*bis ca. 17 J.*) · **abs|condere,** condidi *oder* condi, conditum: ver-

deinde adulescentiam, deinde quidquid est illud inter iuvenem et senem
medium, in utriusque confinio positum, deinde ipsius senectutis opti-
mos annos; novissime incipit ostendi publicus finis generis hu-
3 mani. Scopulum esse illum putamus dementissimi: portus est, ali-
quando petendus, numquam recusandus, in quem si quis intra primos
annos delatus est, non magis queri debet, quam qui cito navigavit. Alium
enim, ut scis, venti segnes ludunt ac detinent et tranquillitatis lentissimae
4 taedio lassant, alium pertinax flatus celerrime perfert. Idem evenire nobis
puta: alios vita velocissime adduxit, quo veniendum erat etiam cunctanti-
bus, alios maceravit et coxit. Quae, ut scis, non semper retinenda est; non
enim vivere bonum est, sed bene vivere.
Itaque sapiens vivet, quantum debet, non quantum potest. Videbit, ubi
5 victurus sit, cum quibus, quomodo, quid acturus. Cogitat semper, qualis
vita, non quanta sit. Si multa occurrunt molesta et tranquillitatem turbantia,
emittit se; nec hoc tantum in necessitate ultima facit, sed cum primum illi
coepit suspecta esse fortuna, diligenter circumspicit, numquid illic desi-
nendum sit. Nihil existimat sua referre, faciat finem an accipiat, tardius fiat
an citius: non tamquam de magno detrimento timet; nemo multum ex stilli-
6 cidio potest perdere. Citius mori aut tardius ad rem non pertinet, bene
mori aut male ad rem pertinet; bene autem mori est effugere male vivendi
periculum. Itaque effeminatissimam vocem illius Rhodii existimo, qui
cum in caveam coniectus esset a tyranno et tamquam ferum aliquod animal
aleretur, suadenti cuidam, ut abstineret cibo, ‘Omnia’, inquit, ‘homini, dum
7 vivit, speranda sunt’. Ut sit hoc verum, non omni pretio vita emenda est.

---

bergen, hinter sich lassen, aus dem Blick verlieren · **cōnfīnium:** Grenzlinie, Grenzgebiet · **novissime:** in jüngster Zeit, seit neuestem, endlich · **pūblicus** *hier:* allgemein, allen gemeinsam.

3 **scopulus:** Felsen, Klippe · **dēmēns,** *Gen.* ntis: unvernünftig, verblendet, von Sinnen · **recūsare** aliquid: etw. zurückweisen, etw. ausschlagen · **citō** (*Adv.*): schnell · **sēgnis:** träge, langsam · **lūdere** aliquem: mit j-m sein Spiel treiben · **detinēre:** hinhalten, zurückhalten · **trānquillitas:** Windstille, Ruhe · **lentus:** zäh, langsam, lässig · **taedium:** Ekel, Überdruß · **lassare:** müde machen, die Kraft nehmen · **per|tinax:** anhaltend, ausdauernd, beharrlich · **flātus,** us: Blasen des Windes, Lufthauch · **perferre:** ans Ziel bringen.

4 **vēlōx:** schnell · **cunctari:** zögern, zaudern · **mācerare:** durchkneten, mürbe machen · **coquere,** coxi, coctum: kochen, braten, backen.

5 **emittere:** entlassen, freilassen (*z.B. aus dem Gefängnis, aus Sklaverei*) · **se emittere** *sc.* e vita · **cum primum:** sobald · **su|spectus:** bedenklich, verdächtig · **numquid:** ob wohl, ob etwa, ob wirklich · **illīc:** dort · **suā rēfert:** es geht ihn an, es ist von Interesse für ihn · **citius:** *vgl. citō* · **detrīmentum:** Verlust, Nachteil, Schaden · **stīllicidium:** (vom Dach) tropfendes Wasser, Traufe: *hier wahrscheinlich für das, was nur tröpfelnd verrinnt.*

6 **ad rem non pertinet:** es führt zu nichts, es hat keinen Zweck; es bedeutet nichts · **effeminatus:** weibisch, verweichlicht · **ille Rhodius:** jener (bekannte) Mann aus Rhodos; *gemeint ist Telesphoros (vgl. Z 1)* · **cavea:** Käfig · **tyrannus:** (Gewalt-)Herrscher, Tyrann; *gemeint ist Lysimachos, Feldherr Alexanders und nach dessen Tod König in Thrakien und Pontos* · **ferus:** wild · **cibus:** Speise, Nahrung.

7 **ut sit:** gesetzt, daß . . . ist.

Quaedam licet magna, licet certa sint, tamen ad illa turpi infirmitatis
confessione non veniam: ego cogitem in eo, qui vivit, omnia posse
fortunam, potius quam cogitem, in eo, qui scit mori, nil posse fortu-
8 nam? Aliquando tamen, etiam si certa mors instabit et destinatum sibi
supplicium sciet, non commodabit poenae manum: sibi commo-
daret. Stultitia est timore mortis mori: venit, qui occidat, – expecta. Quid
occupas? quare suscipis alienae crudelitatis procurationem? utrum invides
9 carnifici tuo an parcis? Socrates potuit abstinentia finire vitam et inedia
potius quam veneno mori; triginta tamen dies in carcere et in expectatione
mortis exegit, non hoc animo tamquam omnia fieri possent, tamquam
multas spes tam longum tempus reciperet, sed ut praeberet se legibus, ut
fruendum amicis extremum Socraten daret. Quid erat stultius quam
10 mortem contemnere, venenum timere? Scribonia, gravis femina, amita
Drusi Libonis fuit, adulescentis tam stolidi quam nobilis, maiora sperantis
quam illo saeculo quisquam sperare poterat aut ipse ullo. Cum aeger a
senatu in lectica relatus esset non sane frequentibus exsequiis (omnes enim
necessarii deseruerant impie iam non reum sed funus), habere coepit consi-
lium, utrum conscisceret mortem an expectaret. Cui Scribonia 'Quid te',
inquit, 'delectat alienum negotium agere?' Non persuasit illi: manus sibi
attulit, nec sine causa. Nam post diem tertium aut quartum inimici mori-
turus arbitrio, si vivit, alienum negotium agit.

---

licet...sint: mögen sie auch ... sein · **confessio:** Eingeständnis, Zugeständnis, Anerkennung · **ego cogitem:** *der Konj. steht in der mißbilligenden Frage, um den Zweifel an der Berechtigung einer fremden Zumutung auszudrücken.*

8 **aliquando:** manchmal · **dēstinare:** festsetzen, bestimmen · **sciet:** *Subj. ist der Weise,* „qui scit mori" *(§ 7)* · **commodare manum:** die Hand leihen, Handlangerdienste tun · **sibi commodaret:** *d.h. er würde sich in diesem Falle selbst strafen* · **occupare** *hier:* zuvorkommen · **prōcūratio:** Besorgung, Verrichtung, Verwaltung · **carnifex,** ficis *m.:* Henker · **parcere** alicui *hier:* j-m Unannehmlichkeiten ersparen.

9 **abs|tinentia:** Enthaltsamkeit, Verweigerung (*von Speise und Trank*) · **inedia:** Fasten, Hungern · **potius** (*Adv.*): eher, lieber · **trīginta:** dreißig · **carcer,** eris *m.:* Gefängnis · **exigere,** egi, actum: zubringen, verleben · **non hōc animo tamquam:** nicht in der Erwartung/Einstellung, als ob · **recipere** *hier:* gestatten, in Aussicht stellen · **extrēmum Sōcratēn** ≈ den Sokrates in seiner Todesstunde (-en: *griech. Akk.*).

10 **Scribonia:** *in dritter Ehe 40 v.Chr. mit Augustus verheiratet; wurde nach der Geburt der Tochter Iulia i.J. 39 v.Chr. von Augustus verstoßen* · **gravis** *hier:* bedeutend, charakterfest · **amita:** Tante (*Schwester des Vaters*) · **Drusus Libo:** *sein Vater war i.J. 34 v.Chr. Konsul; er selbst war unter Tiberius Senator. Wegen unbesonnener Prahlereien mit seiner Verwandtschaft mit dem Kaiserhaus geriet er in Verdacht, an hochverräterischen Umtrieben beteiligt zu sein, und es wurde ein Untersuchungsverfahren im Senat gegen ihn eröffnet (vgl. Kl. Pauly, Scribonius I 10, II 2, II 7)* · **stolidus:** dumm, tölpelhaft · **illo saeculo quisquam – ipse ullo** (*sc.* saeculo): *nachdrückliche Gegenüberstellung in der Form eines Chiasmus* · **aeger:** krank · **lectīca:** Sänfte · **ex|sequiae** *f.pl.* (Leichenzug, Trauergeleit) *hier:* Begleitung, Geleit · **impius:** treulos, pflichtvergessen · **cōnscīscere** (*sc.* sibi) **mortem:** sich selbst den Tod geben · **post diem tertium aut quartum:** drei oder vier Tage später (*den „heutigen" Tag mitgezählt)* · **inimici moriturus arbitrio:** der nach der Entscheidung seines Feindes (*Tiberius*) sterben soll · **si vivit:** *Modus Indikativ; der Fall wird unter bewußtem Absehen von der Realisierungsmöglichkeit betrachtet.*

11 Non possis itaque de re in universum pronuntiare, cum mortem vis externa
denuntiat, occupanda sit an expectanda; multa enim sunt, quae in
utramque partem trahere possunt. Si altera mors cum tormento, altera
simplex et facilis est, quidni huic inicienda sit manus? Quemadmodum
navem eligam navigaturus et domum habitaturus, sic mortem exiturus e
12 vita. Praeterea quemadmodum non utique melior est longior vita, sic
peior est utique mors longior. In nulla re magis quam in morte morem
animo gerere debemus. Exeat, qua impetum cepit: sive ferrum appetit sive
laqueum sive aliquam potionem venas occupantem, pergat et vincula servi-
tutis abrumpat. Vitam et aliis approbare quisque debet, mortem sibi: optima
13 est, quae placet. Stulte haec cogitantur: 'Aliquis dicet me parum fortiter
fecisse, aliquis nimis temere, aliquis fuisse aliquod genus mortis animo-
sius'. Vis tu cogitare id in manibus esse consilium, ad quod fama non per-
tinet! Hoc unum intuere, ut te fortunae quam celerrime eripias; alioquin
14 aderunt, qui de facto tuo male existiment. Invenies etiam professos
sapientiam, qui vim adferendam vitae suae negent et nefas iudicent ipsum
interemptorem sui fieri: expectandum esse exitum, quem natura decrevit.
Hoc qui dicit, non videt se libertatis viam cludere: nihil melius aeterna
lex fecit, quam quod unum introitum nobis ad vitam dedit, exitus
15 multos. Ego expectem vel morbi crudelitatem vel hominis, cum possim
per media exire tormenta et adversa discutere? Hoc est unum, cur de vita
non possimus queri: neminem tenet. Bono loco res humanae sunt, quod
nemo nisi vitio suo miser est. Placet? vive. Non placet? licet eo reverti, unde

---

11 **possis:** *potentialer Konj.* · **in ūniversum prōnūntiare:** ein generelles Urteil fällen, eine allgemeingültige Erklärung abgeben · **externus:** von außen kommend, äußerer · **dēnūntiare:** androhen, ankündigen · **occupare** *hier:* vorwegnehmen · **tormentum:** Folter · **simplex:** einfach · **quidni:** warum nicht · **manum inicere,** io alicui (rei): an j-n/etw. Hand anlegen, j-n/etw. in Besitz nehmen · **ēligere:** auswählen.

12 **utīque:** unter allen Umständen · **mōrem gerere** alicui: j-m seinen Willen tun, j-m entgegenkommen; j-n gewähren lassen · **impetum capere:** einen raschen Entschluß fassen, (entschlossen) ansetzen · **laqueus:** Schlinge, Strick · **pōtio:** Trank, Gift · **vēna:** Ader · **occupare:** sich bemächtigen, in Beschlag nehmen, sperren · **abrumpere:** zerreißen, zersprengen · **approbare** aliquid alicui: j-n von etw. überzeugen, j-m etw. einleuchtend machen.

13 **temere** (*Adv.*): unüberlegt, planlos · **animosus:** mutig, tapfer · **vis** + *Inf.: als Aufforderung* ≈ bitte ...! · **pertinēre** ad aliquid: etw. erreichen, berühren, betreffen · **intuēri** aliquid: auf etw. sehen, etw. im Auge haben · **aliōquīn:** andernfalls, sonst.

14 **professus sapientiam:** erklärter Philosoph, öffentlicher Lehrer der Philosophie · **qui ... negent ... iudicent:** *konsekutiver Relativsatz:* die von der Art sind, daß sie ... · **nefās** *n.:* Sünde, Frevel · **interemptor:** Mörder · **clūdere** = claudere · **aeternus:** ewig, unsterblich · **introitus,** us: Eingang, Zugang.

15 **exspectem:** *Konj. in der mißbilligenden Frage (vgl. zu § 7)* · **per media tormenta:** mitten durch die Marterwerkzeuge hindurch · **discutere:** abschütteln · **bono loco esse:** in guter Lage/Verfassung sein.

16 venisti. Ut dolorem capitis levares, sanguinem saepe misisti; ad exte-
nuandum corpus vena percutitur. Non opus est vasto vulnere dividere prae-
cordia: scalpello aperitur ad illam magnam libertatem via et puncto secu-
ritas constat. Quid ergo est, quod nos facit pigros inertesque? Nemo
nostrum cogitat quandoque sibi ex hoc domicilio exeundum; sic veteres
17 inquilinos indulgentia loci et consuetudo etiam inter iniurias detinet. Vis
adversus hoc corpus liber esse? tamquam migraturus habita. Propone tibi
quandoque hoc contubernio carendum: fortior eris ad necessitatem
exeundi. Sed quemadmodum suus finis veniet in mentem omnia sine fine
18 concupiscentibus? Nullius rei meditatio tam necessaria est; aliae enim
fortasse exercentur in supervacuum. Adversus paupertatem praeparatus est
animus: permansere divitiae. Ad contemptum nos doloris armavimus:
numquam a nobis exegit huius virtutis experimentum integri ac sani feli-
citas corporis. Ut fortiter amissorum desideria pateremur, praecepimus
nobis: omnes, quos amabamus, superstites fortuna servavit. Huius unius rei
19 usum qui exigat dies veniet. Non est, quod existimes magnis tantum viris
hoc robur fuisse, quo servitutis humanae claustra perrumperent; non est,
quod iudices hoc fieri nisi a Catone non posse, qui quam ferro non emiserat
animam manu extraxit: vilissimae sortis homines ingenti impetu in tutum
evaserunt, cumque e commodo mori non licuisset nec ad arbitrium suum
instrumenta mortis eligere, obvia quaeque rapuerunt et, quae natura non

---

16 **sanguinem mittere** ≈ sich zur Ader lassen, sich Blut entnehmen lassen · **extenuare:** verdünnen, entlasten (*im Falle von Vollblütigkeit*) · **vēna:** Ader · **percutere:** durchstoßen, anstechen (*beim Aderlaß*) · **vāstus:** wüst, riesig, ungeheuer groß · **praecordia** *n.pl.:* Brustraum (*mit Herz und Lunge*) · **scalpellum:** Skalpell (*chirurg. Messer*), kleines Messer · **pūnctum:** (kleiner) Stich · **sēcūritas:** Sicherheit, Sorglosigkeit · **cōnstare** aliqua re: etw. kosten · **piger,** gra, grum: faul, träge · **iners,** *Gen.* inertis: schlaff, untüchtig · **quandōque:** eines Tages, (irgend)einmal · **domicilium:** Wohnung · **inquilīnus:** Bewohner (*eines fremden Hauses*), Mieter · **indulgentia:** nachsichtige Liebe · **dētinēre:** (*vom Umzug*) abhalten.

17 **migrare:** (aus)wandern · **contubernium:** Zeltgemeinschaft, Wohngemeinschaft · **concupīscere** aliquid: etw. haben wollen, etw. heftig begehren.

18 **meditatio:** Nachdenken, Einübung · **in supervacuum:** zum Überfluß, unnötig · **praeparare:** vorbereiten · **contemptus,** us: Verachtung · **armare:** bewaffnen · **experīmentum:** Probe, Erfahrungsbeweis, Versuch · **exigere,** egi, actum: verlangen, fordern · **sānus:** gesund · **fēlīcitas:** glückliche Lage/Verfassung · **dēsīderium:** Verlangen, Wunsch, Sehnsucht · **superstes,** *Gen.* stitis: überlebend, am Leben geblieben.

19 **non est, quod** + *Konj.:* es gibt keinen Grund dafür, daß ... · **rōbur,** ris *n.hier:* Kraft, Stärke · **quō** + *Konj.: konsekutiver Relativsatz* · **claustrum:** Riegel · **a Catone:** *der Tod Catos (46 v.Chr.) war ein beliebtes exemplum für heroischen Selbstmord; S. erwähnt ihn öfter.* · **ēmittere:** wegschicken, wegwerfen · **manu** ≈ mit bloßen Händen · **extrahere,** traxi, tractum: herausreißen (*er riß sich die Schwertwunde, die die Ärzte verbunden hatten, mit bloßen Händen wieder auf*) · **vīlissimae sortis:** aus dem untersten Stand · **ēvādere,** vasi, vasum: entrinnen, sich retten · **e commodo:** auf angenehme/bequeme Weise · **ad arbitrium:** nach eigenem Ermessen, nach freier Entscheidung · **ēligere:** auswählen · **obvius:** greifbar, verfügbar

20 erant noxia, vi sua tela fecerunt. Nuper in ludo bestiariorum unus e Germanis, cum ad matutina spectacula pararetur, secessit ad exonerandum corpus – nullum aliud illi dabatur sine custode secretum; ibi lignum id, quod ad emundanda obscena adhaerente spongia positum est, totum in gulam farsit et interclusis faucibus spiritum elisit. Hoc fuit morti contumeliam facere. Ita prorsus, parum munde et parum decenter: quid est stultius
21 quam fastidiose mori? O virum fortem, o dignum, cui fati daretur electio! Quam fortiter ille gladio usus esset, quam animose in profundam se altitudinem maris aut abscisae rupis inmisisset! Undique destitutus invenit, quemadmodum et mortem sibi deberet et telum, ut scias ad moriendum nihil aliud in mora esse quam velle. Existimetur de facto hominis acerrimi, ut cuique visum erit, dum hoc constet, praeferendam esse spurcissimam mortem servituti mundissimae.
22 Quoniam coepi sordidis exemplis uti, perseverabo; plus enim a se quisque exiget, si viderit hanc rem etiam a contemptissimis posse contemni. Catones Scipionesque et alios, quos audire cum admiratione consuevimus, supra imitationem positos putamus: iam ego istam virtutem habere tam multa exempla in ludo bestiario quam in ducibus belli civilis
23 ostendam. Cum adveheretur nuper inter custodias quidam ad matutinum spectaculum missus, tamquam somno premente nutaret, caput usque eo demisit, donec radiis insereret, et tamdiu se in sedili suo tenuit,

· **noxius:** schädlich, verderblich · **suā:** *zu* vi *gehörig.*

20 **bestiārius** *hier:* Teilnehmer am Tierkampf; *die* bestiarii *kämpften im Circus oder Amphitheater mit wilden Tieren; teils waren sie unbewaffnete Kriegsgefangene (wie hier) oder Verbrecher, teils kämpften sie als bezahlte Spezialisten (venatores) mit besonderer Ausrüstung* · **mātūtīnum spectāculum:** Morgenvorstellung; *am Vormittag wurden in der Regel die Tierhetzen abgehalten, nachmittags die Gladiatorenkämpfe (vgl. ep. 7,3 ff.)* · **sēcēdere:** sich zurückziehen, sich entfernen, verschwinden · **exonerare:** entladen, erleichtern · **sēcrētum** *hier:* Möglichkeit, sich zurückzuziehen/allein zu sein · **lignum:** Holz · **ēmundare:** reinigen · **obscēna** *n.pl.* (die schmutzigen Dinge): *hier wohl Umschreibung für* Hintern · **adhaerēre:** daranhängen, daran befestigt sein · **spongia:** Schwamm · **gula:** Schlund, Kehle, Hals · **farcire,** farsi, fartum: hineinstopfen, hineinpressen · **fauces,** ium *f.pl. hier:* Luftröhre · **interclūdere:** versperren · **spīritum ēlīdere:** Ersticktung herbeiführen (*eigtl.* den Atem abdrücken) · **contumēliam facere** alicui: j-m eine Schmach antun · **ita prōrsus:** genau so; ja, ganz gewiß · **mundus:** sauber, fein · **decenter:** anständig, schicklich · **fāstīdiosus:** wählerisch, vornehmtuerisch, heikel.

21 **ēlectio:** Auswahl · **animosus:** mutig, beherzt · **profundus:** unergründlich, bodenlos · **rūpēs,** is *f.:* Felswand, Klippe, Felsschlucht · **abs|cīsus:** schroff, steil · **se inmittere:** sich hinabstürzen · **destituere,** stitui, stitutum: hilflos zurücklassen, im Stich lassen, preisgeben · **in mora esse** *hier:* aufhalten, hinderlich sein · **ācer** *hier:* entschlossen · **praeferre:** vorziehen · **spurcus:** schmutzig, dreckig.

22 **sordidus:** schmutzig, unsauber · **per|sevērare:** dabeibleiben, fortfahren · **exigere** ab aliquo: von j-m verlangen · **Catones Scipionesque:** Männer wie Cato und Scipio · **imitatio:** Nachahmung · **aliquid habet exempla in ...** ≈ für etw. gibt es Beispiele in ... · **ludus bēstiarius:** Tierkampf, Tierhetze · **dūces belli civilis:** *gedacht ist hier wohl vor allem an Caesars Gegner Cato (s. o. § 19).*

23 **inter cūstōdias:** unter Bewachung · **nūtare:** schwanken, sich hin- und herbewegen · **demittere:** herabhängen lassen, senken · **dōnec:** bis · **radius:** Speiche (*des Rades*) · **īnserere:** hineinbringen, hineinstecken · **sedīle,** is *n.:* Sitz

donec cervicem circumactu rotae frangeret; eodem vehiculo, quo ad
24 poenam ferebatur, effugit. Nihil obstat erumpere et exire cupienti: in
aperto nos natura custodit. Cui permittit necessitas sua, circumspiciat
exitum mollem; cui ad manum plura sunt, per quae sese adserat, is dilectum
agat et, qua potissimum liberetur, consideret: cui difficilis occasio est, is
proximam quamque pro optima arripiat, sit licet inaudita, sit nova. Non
25 deerit ad mortem ingenium, cui non defuerit animus. Vides, quemad-
modum extrema quoque mancipia, ubi illis stimulos adegit dolor, ex-
citentur et intentissimas custodias fallant? Ille vir magnus est, qui mortem
sibi non tantum imperavit, sed invenit. Ex eodem tibi munere plura exem-
26 pla promisi. Secundo naumachiae spectaculo unus e barbaris lanceam,
quam in adversarios acceperat, totam iugulo suo mersit. 'Quare, quare',
inquit, 'non omne tormentum, omne ludibrium iamdudum effugio? quare
ego mortem armatus expecto?' Tanto hoc speciosius spectaculum fuit,
27 quanto honestius mori discunt homines quam occidere. Quid ergo? quod
animi perditi quodque noxiosi habent, non habebunt illi, quos adversus
hos casus instruxit longa meditatio et magistra rerum omnium ratio? Illa
nos docet fati varios esse accessus, finem eundem, nihil autem interesse,
28 unde incipiat quod venit. Eadem illa ratio monet, ut scilicet moriaris,
quemadmodum potes, et, quidquid obvenerit ad vim adferendam tibi,
invadas. Iniuriosum est rapto vivere, at contra pulcherrimum mori rapto.
Vale.

· **cervīx,** icis *f.:* Nacken, Genick · **circumāctus,** us: Umdrehung, (Kreis-)Bewegung · **rota:** Rad.

24 **obstare:** im Weg stehen, hindern · **in aperto cūstōdīre:** im Freien bewachen (*Gegensatz: im Gefängnis*) · **circum|spicere** aliquid: nach etw. Ausschau halten · **ad|serere** aliquem: j-n (*durch Auflegen der Hand*) als frei erklären, j-n befreien · **dīlēctus,** us: Auswahl, Wahl · **potissimum** *hier:* am liebsten · **cōnsīderare:** reiflich überlegen, kritisch untersuchen · **arripere,** io (an sich reißen): eilig ergreifen · **sit licet:** mag sie ... sein · **in|audītus:** unerhört, noch nicht dagewesen.

25 **mancipium:** (Kauf-)Sklave · **extrēmus** *hier:* der letzte · **stimulos adigere:** die Sporen geben, antreiben · **intentus:** gespannt, aufmerksam · **mūnus** *hier* ≈ Bereich der Zirkusspiele.

26 **secundum naumachiae spectaculum:** das zweite Schauspiel einer Seeschlacht; *es wurde von Nero im J. 64 n. Chr. veranstaltet. Der Ort solcher „Seeschlachten" ist meist ein künstlich angelegter See; die Kämpfer, meist Gladiatoren oder zum Tode verurteilte Verbrecher, tragen Kostüme und stellen oft eine historische Seeschlacht dar* · **in adversarios:** (*zum Kampf*) gegen seine Gegner · **iugulum:** Schlüsselbein, Schlüsselbeingrube, Kehle · **mergere,** mersi, mersum: eintauchen, versenken · **tormentum:** Folter, Qual · **lūdibrium:** Spott, Hohn, Schmach · **iamdūdum:** schon lange · **speciosus:** gut anzusehen, sehenswert.

27 **animi:** *entweder Gen. partitivus, abhängig von* quod (≈ was an Mut, wieviel Mut) *oder aber Nominativ pl. als Beziehungswort zu* perditi *und* noxiosi · **noxiosus:** schädlich, schuldig · **meditatio:** Nachdenken, Vorbereitung, Einübung · **magistra:** Lehrerin · **accessus,** us: Annäherung, Eintritt, Anlauf.

28 **scīlicet:** selbstverständlich, natürlich · **obvenire:** begegnen, zuteilwerden · **invādere:** angreifen, an sich reißen, ergreifen · **rapto vīvere:** von Geraubtem/vom Raub leben.

76 Zunächst schreibt Seneca, daß er trotz seines hohen Alters noch zu einem Philosophen in die Schule gehe; denn man müsse lernen, solange man etwas nicht wisse, d.h. solange man lebe. Auch Spott könne ihn deshalb nicht davon abhalten, nach dem Wesen des sittlich guten Mannes (*vir bonus*) zu forschen. Dann fordert er Lucilius auf, seinerseits rechtzeitig zu lernen und sich weiterzubilden. Denn nur durch entsprechende Bemühungen könne man die Tugend (*virtus*) erlangen. Das Sittlichgute (*honestum*) sei das einzig wahre Gut (*unum bonum*) für den Menschen; warum das so ist, will Seneca nun aufzeigen:

8 Omnia suo bono constant. Vitem fertilitas commendat et sapor vini, velo-
citas cervum; quam fortia dorso iumenta sint, quaeris, quorum hic unus est
usus: sarcinam ferre; in cane sagacitas prima est, si investigare debet feras,
cursus, si consequi, audacia, si mordere et invadere: id in quoque optimum
9 esse debet, cui nascitur, quo censetur. In homine quid est optimum? ratio:
hac antecedit animalia, deos sequitur. Ratio ergo perfecta proprium bonum
est, cetera illi cum animalibus satisque communia sunt. Valet: et leones.
Formosus est: et pavones. Velox est: et equi. Non dico: in his omnibus
vincitur; non quaero, quid in se maximum habeat, sed quid suum. Corpus
habet: et arbores. Habet impetum ac motum voluntarium: et bestiae et
vermes. Habet vocem: sed quanto clariorem canes, acutiorem aquilae,
10 graviorem tauri, dulciorem mobilioremque luscinii? Quid est in homine
proprium? ratio: haec recta et consummata felicitatem hominis implevit.
Ergo si omnis res, cum bonum suum perfecit, laudabilis est et ad finem
naturae suae pervenit, homini autem suum bonum ratio est, si hanc perfecit,
laudabilis est et finem naturae suae tetigit. Haec ratio perfecta virtus vocatur
11 eademque honestum est. Id itaque unum bonum est in homine, quod

76
8 **bonum** *hier:* Vorzug, Wert (*die genaue Bedeutung erschließt sich erst im weiteren Verlauf des Textes, vgl. A 4*) · **constare** *hier:* existieren · **vītis,** is *f.:* Weinrebe, Weinstock · **fertilitas:** Fruchtbarkeit · **sapor:** Geschmack · **vēlōcitas:** Schnelligkeit · **cervus:** Hirsch · **dorsum:** Rücken · **iūmentum:** Zugtier, Lasttier · **sarcina:** Last · **canis,** is: Hund · **sagācitas:** Spürkraft · **fera:** wildes Tier, Wild · **mordēre:** beißen · **invādere:** angreifen · **nasci** alicui rei: zu etw. geschaffen werden, von Natur zu etw. bestimmt sein · **censēre** *hier:* einschätzen, bewerten.
9 **antecedere:** übertreffen, überlegen sein · **sequi** *hier* ≈ nahekommen · **cetera:** die übrigen Eigenschaften · **sata** *n.pl.:* Pflanzen · **leo,** leonis *m.:* Löwe · **formosus:** wohlgestaltet, schön · **pāvo,** onis *m.:* Pfau · **vēlox:** schnell · **impetus** *hier:* innerer Antrieb · **voluntarius:** freiwillig; *hier:* selbstgesteuert · **bēstia:** Tier · **vermis,** is *m.:* Wurm · **clarus** *hier:* laut · **acūtus:** scharf, hell, gellend · **gravis** *hier:* tief, dumpf · **mōbilis,** e: beweglich, *hier* melodisch · **luscinius:** Nachtigall.
10 **proprium** *sc.* bonum · **consummare:** zur höchsten Vollendung bringen · **recta et consummata:** *prädikativ mit kondizionalem Sinn* (wenn, für den Fall, daß . . .) · **felicitas:** Glück(seligkeit) · **implēre:** vollmachen, vollenden; **implevit:** *‚gnomisches Perfekt‘, es drückt ein auf allgemeiner Erfahrung gegründetes Urteil aus (i.D. Pr.)* · **finem naturae suae** ≈ seine natürliche Bestimmung · **si hanc perfecit:** *es empfiehlt sich, i.D. diesen Bedingungssatz in den folgenden Nachsatz einzuschieben.* · **finem tangere:** die Zielmarke berühren (*wie z.B. heute bei Schwimmwettkämpfen*), beim Ziel ankommen · **honestum:** das Sittlichgute.

unum hominis est; nunc enim non quaerimus, quid sit bonum, sed quid sit hominis bonum. Si nullum aliud est hominis quam ratio, haec erit unum eius bonum, sed pensandum cum omnibus. Si sit aliquis malus, puto inprobabitur; si bonus, puto probabitur. Id ergo in homine primum solumque est, quo et probatur et inprobatur.

12 Non dubitas, an hoc sit bonum; dubitas, an solum bonum sit. Si quis omnia alia habeat, valetudinem, divitias, imagines multas, frequens atrium, sed malus ex confesso sit, inprobabis illum; item si quis nihil quidem eorum, quae rettuli, habeat, deficiatur pecunia, clientium turba, nobilitate et avorum proavorumque serie, sed ex confesso bonus sit, probabis illum. Ergo hoc unum est bonum hominis, quod qui habet, etiam si aliis destituitur, laudandus est, quod qui non habet, in omnium aliorum copia damnatur
13 ac reicitur. Quae condicio rerum, eadem hominum est: navis bona dicitur, non quae pretiosis coloribus picta est nec cui argenteum aut aureum rostrum est nec cuius tutela ebore caelata est nec quae fiscis atque opibus regiis pressa est, sed stabilis et firma et iuncturis aquam excludentibus spissa, ad ferendum incursum maris solida, gubernaculo parens, velox et
14 non sentiens ventum; gladium bonum dices, non cui auratus est balteus nec cuius vagina gemmis distinguitur, sed cui et ad secandum subtilis acies est et mucro munimentum omne rupturus; regula non quam formosa, sed quam recta sit, quaeritur: eo quidque laudatur, cui comparatur, quod illi

---

11 **pēnsare cum** aliqua re: gegen etw. abwägen, für etw. erkaufen · **omnibus** *sc.* bonis: *gemeint sind alle landläufigen „Werte", wie etwa die in § 9 und weiter unten § 12 genannten* · **puto**: *‚Parenthese', d.h. Einschub ohne Einfluß auf die Satzkonstruktion* · **inprobare**: mißbilligen, tadeln.

12 **(si quis . . .) habeat**: *potentialer Konjunktiv* · **imāgines**: Ahnenbilder, Wachsmasken *von verstorbenen Vorfahren, die ein höheres Staatsamt erreicht haben;* **multae imagines** *sind also ein Zeichen adliger und ruhmvoller Abstammung (vgl. auch Tac A 2.5)* · **ātrium**: Atrium, *der zentrale Innenraum des römischen Hauses* · **frequens** *hier:* gut besucht, gedrängt voll – *von Klienten, die täglich zur Morgenbegrüßung – salutatio – bei ihrem Patron erscheinen;* **frequens atrium** *ist also ein Zeichen hohen Ansehens.* · **ex confesso**: aufgrund allgemeinen Zugeständnisses, anerkanntermaßen · **deficitur** aliquis aliqua re: j–m mangelt es an etw. · **turba** *hier:* Schar, Menge · **pro|avus**: Urgroßvater, Vorfahr · **series,** ei *f.:* (lange) Reihe · **destituitur** ≈ deficitur (*s.o.*) · **quod qui habet, (. . . laudandus est)**: *sog. ‚relativische Verschränkung', i.D.:* wer dies besitzt, (der) . . . · **in (. . . copia)**: *konzessiv:* trotz . . . · **re|icere**: zurückweisen, ablehnen.

13 **condicio** *hier:* Zustand, Beschaffenheit · **pretiosus**: wertvoll, kostbar · **color,** oris *m.:* Farbe · **rōstrum**: Schiffsschnabel · **tūtēla**: Schutz; *hier konkret:* Schutzgottheit (*deren geschnitztes Bild am Heck des Schiffes angebracht war*) · **ĕbur,** eboris *n.:* Elfenbein · **caelare** *hier:* schnitzen · **fiscus**: Geldkorb; Staatskasse, kaiserliche (Privat-) Kasse · **premere** *hier:* beladen, belasten · **stabilis,** e: dauerhaft, fest · **iunctura**: Verbindung, Fuge (*hier: zwischen den Schiffsplanken*) · **excludere**: ausschließen, abhalten · **spissus**: dicht, undurchlässig · **incursus,** us: Ansturm · **solidus**: fest, gediegen · **gubernaculum**: Steuer(ruder) · **vēlōx**: schnell.

14 **auratus**: goldgeschmückt · **balteus**: Schwertgurt, Wehrgehenk · **vāgīna**: Scheide · **gemma**: Edelstein · **distinguere**: schmücken · **secare**: schneiden · **subtīlis,** e: fein, dünn · **mucro** *m.:* Spitze · **munimentum**: Schutzmittel, Panzer · **rumpere** *hier:* durchstoßen · **rēgula**: Lineal · **formosus**: schön · **eo** ≈ im Hinblick auf das(jenige) · **cui** ≈ ad quod.

15 proprium est. Ergo in homine quoque nihil ad rem pertinet, quantum aret, quantum feneret, a quam multis salutetur, quam pretioso incumbat lecto, quam perlucido poculo bibat, sed quam bonus sit. Bonus autem est, si ratio eius explicita et recta est et ad naturae suae voluntatem accommodata.

16 Haec vocatur virtus, hoc est honestum et unicum hominis bonum. Nam cum sola ratio perficiat hominem, sola ratio perfecte beatum facit; hoc autem unum bonum est, quo uno beatus efficitur. Dicimus et illa bona esse, quae a virtute profecta contractaque sunt, id est opera eius omnia; sed ideo unum ipsa bonum est, quia nullum sine illa est . . .

89 Thema der Epistel ist die Philosophie. Der Begriff wird definiert und erläutert, dann wird eine genauere Einteilung der Philosophie gegeben. Aber – so heißt es anschließend – die theoretische Beschäftigung mit diesen z.T. recht diffizilen Fragen genügt nicht, entscheidend ist die moralische Nutzanwendung. Doch weil sich die Menschen gerade dagegen besonders sträuben, muß man sie, auch gegen ihren Willen, immer wieder darauf hinweisen, und deshalb ergreift Seneca auch hier die Gelegenheit, sich über Lucilius direkt an die Öffentlichkeit zu wenden und an die Menschen zu appellieren:

20 'Quousque fines possessionum propagabitis? Ager uni domino, qui populum cepit, angustus est. Quousque arationes vestras porrigetis, ne provinciarum quidem spatio contenti circumscribere praediorum modum? Inlustrium fluminum per privatum decursus est et amnes magni magnarumque gentium termini usque ad ostium a fonte vestri sunt. Hoc quoque parum est, nisi latifundiis vestris maria cinxistis, nisi trans Hadriam et Ionium Aegaeumque vester vilicus regnat, nisi insulae, ducum domicilia

15 **nihil ad rem pertinet:** es tut nichts zur Sache, es gehört nicht zur Sache · **arare:** pflügen, (Ackerland) bebauen · **fēnerare:** Geld gegen Zins ausleihen · **salutetur:** *sc. beim täglichen Morgenbesuch der Klienten (vgl. § 12)* · **pretiosus** (*vgl. § 13*): wertvoll, kostbar · **incumbere** alicui rei: sich auf etw. legen · **lectus:** Bett · **perlūcidus:** durchsichtig · **bibere:** trinken · **ex|plicare,** plicui, plicitum: entfalten · **accommodare:** anpassen.

16 **honestum** (*vgl. § 10*): das Sittlichgute · **ūnicus:** einzig · **proficisci** *hier:* ausgehen, herrühren, entspringen · **contrahere** (zusammenziehen): bewirken, verursachen · **opera eius** *sc.* virtutis.

89 **quoūsque?:** (*räumlich:*) wie weit?; (*zeitlich:*) wie
20 lange (noch)? · **propāgare:** ausdehnen · **qui:** *Beziehungswort ist* ager · **capere** *hier:* aufnehmen ≈ groß genug sein für · **aratio:** Ackerland · **porrigere:** ausdehnen, ausbreiten · **contentus** (*hier mit Inf.*): zufrieden · **circumscribere:** umschreiben, begrenzen · **praedium:** Landgut · **decursus,** us: Lauf, Verlauf · **terminus:** Grenzstein; *pl.:* Grenzen; magni *und* termini *sind durch* -que *gleichgeordnet:* „Flüsse, die groß sind und zugleich die Grenze . . . bilden“ · **ōstium:** Mündung · **fons,** fontis *m.:* Quelle · **lātifundium:** großer Landbesitz · **Hadria:** das Adriatische Meer · **Ionium Aegaeumque** *sc.* mare · **vīlicus:** Verwalter · **domicilium:** Wohnsitz, Residenz; **ducum domicilia magnorum:** *wie z.B. die Insel Ithaka, die Heimat des Odysseus*

magnorum, inter vilissima rerum numerantur. Quam vultis late possidete, sit fundus, quod aliquando imperium vocabatur, facite vestrum, quidquid
21 potestis, dum plus sit alieni. Nunc vobiscum loquor, quorum aeque spatiose luxuria quam illorum avaritia diffunditur. Vobis dico: quousque nullus erit lacus, cui non villarum vestrarum fastigia inmineant? nullum flumen, cuius non ripas aedificia vestra praetexant? Ubicumque scatebunt aquarum calentium venae, ibi nova deversoria luxuriae excitabuntur. Ubicumque in aliquem sinum litus curvabitur, vos protinus fundamenta iacietis, nec contenti solo nisi quod manu feceritis, mare agetis introrsus. Omnibus licet locis tecta vestra resplendeant, aliubi inposita montibus in vastum terrarum marisque prospectum, aliubi ex plano in altitudinem montium educta, cum multa aedificaveritis, cum ingentia, tamen et singula corpora estis et parvola. Quid prosunt multa cubicula? in uno iacetis.
22 Non est vestrum, ubicumque non estis. Ad vos deinde transeo, quorum profunda et insatiabilis gula hinc maria scrutatur, hinc terras, alia hamis, alia laqueis, alia retium variis generibus cum magno labore persequitur: nullis animalibus nisi ex fastidio pax est. Quantulum ex istis epulis per tot comparatis manus fesso voluptatibus ore libatis? quantulum ex ista fera periculose capta dominus crudus ac nauseans gustat? quantulum ex tot conchyliis tam longe advectis per istum stomachum inexplebilem labitur? Infelices, ecquid intellegitis maiorem vos famem habere quam ventrem?' . . .

· **vīlis,** e: gering (an Wert), unbedeutend; **inter vilissima rerum** ≈ inter vilissimas res · **lātus,** a, um: weit · **possidete . . . sit . . . facite . . ., (dum plus sit . . .):** *Die Imperative und der Konjunktiv haben konzessiven Sinn (vgl. den Ausspruch: oderint, dum metuant).* · **fundus:** Grundstück, Grundbesitz; *sc.* privatus · **plus alieni:** mehr fremder Grund und Boden (*im Vergleich zum Privatbesitz*).

21 **spatiosus:** weit · **diffundi** (*Pass.*): sich ausbreiten · **lacus,** us: See · **fastīgium:** Giebel · **praetexere:** säumen · **scatēre:** (hervor)sprudeln · **calens,** ntis: heiß, warm · **vēna:** Ader · **deversorium:** Gasthaus · **excitare** *hier:* errichten · **sinus,** us: Bucht · **curvari** (sich krümmen, *hier:*) sich öffnen · **protinus** (*Adv.*): sofort · **fundamentum iacere:** den Grund (*für ein Bauwerk*) legen · **contentus** aliqua re: zufrieden mit etw. · **solum:** Boden, Grund und Boden · **nec . . . nisi:** und nicht . . ., wenn nicht ≈ und nur · **manu** (*Abl.*): von Menschenhand ≈ künstlich · **agere intrōrsus** (*Adv.*): hineinleiten (*so entstanden vom Meerwasser umspülte Bauten*) · **licet** + *Konj.* (*eigtl. es ist erlaubt, daß*): wenn auch · **resplendēre:** widerstrahlen · **aliubi . . . aliubi:** hier . . . dort · **inponere** alicui rei: auf etw. aufsetzen · **educere:** aufführen, errichten · **vāstus:** ungeheuer weit · **prospectus,** us: Aussicht · **planum:** Ebene · **parvolus** (*Demin.*): sehr klein, unbedeutend · **cubiculum:** Schlafzimmer.

22 **profundus:** bodenlos, tief, unersättlich · **insatiabilis,** e: unersättlich, nicht zu befriedigen · **gula:** Schlund, Kehle · **scrūtari:** durchsuchen · **alia** *sc.* animalia · **hāmus:** Angel(haken) · **laqueus:** Schlinge, Falle · **rēte,** is *n.:* Netz · **fastīdium:** Ekel, Überdruß · **quantulus** *(Demin.):* wie wenig · **epulae** *pl.:* Speisen · **comparatis:** *partic. coniunctum zu* epulis · **fessus:** erschöpft · **lībare:** kosten, genießen · **fera,** ae *f.:* Wild · **crūdus** (roh, ungekocht; *hier:*) „mit verdorbenem Magen“ · **nauseare:** seekrank sein, sich ekeln · **gustare:** kosten, versuchen · **conchȳlium:** Auster · **advehere:** herbeischaffen · **stomachus:** Schlund, Speiseröhre, Magen · **inexplebilis,** e: unersättlich · **lābi:** hinabgleiten · **ecquid?** (*Fragepartikel in besonders lebhaften oder dringlichen Fragen*): wohl?, (denn) etwa? · **fames,** is *f.:* Hunger · **venter,** tris *m.:* Bauch, Magen.

P. Cornelius Tacitus: Annalen, Buch XV, Kap. 60-64

Tacitus (etwa 55 - gegen 120 n. Chr.), einer der bedeutendsten römischen Historiker, fand zunächst als Redner und Anwalt Anerkennung und bekleidete dann auch hohe Staatsämter. Als aber die Herrschaft des Kaisers Domitian (81-96) zu einem Schreckensregiment entartete, zog er sich aus dem öffentlichen Leben zurück. Doch unter Nerva (96-98) wurde er noch Konsul und unter Trajan (98-117) Statthalter der Provinz Asia.
Erst nach dem Ende Domitians trat Tacitus als Schriftsteller hervor, zunächst mit drei kleineren Schriften: ‚Agricola' (Biographie seines Schwiegervaters Agricola, der sehr erfolgreicher Statthalter in Britannien gewesen war), ‚Germania' (Studie über Land und Volk Germaniens) und ‚Dialogus de oratoribus' („Dialog über die Redner": Untersuchung über die Gründe des Verfalls der Redekunst in der Kaiserzeit). Es folgten zwei große historische Werke: In den ‚Historiae' stellte Tacitus die Zeit der flavischen Kaiser (69-96) dar, also selbsterlebte Zeitgeschichte; erhalten ist davon nur die Schilderung der beiden ersten Jahre. Die ‚Annales' greifen weiter zurück und behandeln die Geschichte „vom Tod des vergöttlichten Augustus an" (ab excessu divi Augusti) bis zu Neros Tod (also die Jahre 14-68); auch dieses Werk ist nicht vollständig überliefert.

Die Pisonische Verschwörung. Die Bücher XIII bis XVI der Annalen schildern die Regierungszeit Neros (54-68). Der Kaiser ließ sich anfangs von seinem Erzieher Seneca und von Burrus, dem Präfekten der kaiserlichen Leibgarde („Prätorianer"), günstig beeinflussen, aber allmählich traten immer deutlicher despotische und grausame Züge an ihm hervor; er führte ein ausschweifendes Leben und trat öffentlich als Wagenlenker, Sänger und Schauspieler auf. Das Verhalten des Kaisers führte zu einer geheimen, aber doch breiten Sammlung oppositioneller Kräfte; beteiligt waren vor allem Senatoren und Offiziere der Prätorianerkohorten. Unter der Führung des C. Calpurnius Piso, der aus einem der ältesten Adelsgeschlechter Roms stammte, bildete sich schließlich im Jahre 65 eine Verschwörung zum Sturze Neros (Ann. XV 48ff.). Die Motive der Verschwörer waren sehr unterschiedlich: Haß auf Nero, Rache für erlittene Schmach, Hoffnung auf Machtgewinn, aber auch Sorge um den zerrütteten Staat.
Es gab verschiedene Attentatspläne. Schließlich entschied man sich, den Kaiser bei den zirzensischen Spielen während des Cerealienfestes (am 19. April) zu überwältigen. Den ersten Dolchstoß wollte der Senator Flavius Scaevinus führen. Aber dessen Freigelassener Milichus schöpfte Verdacht und denunzierte Scaevinus beim Kaiser. Der Senator wurde verhaftet und verhört, leugnete aber standhaft. Doch Milichus konnte noch einen weiteren Namen nennen: Antonius Natalis, mit dem Scaevinus am Tag vorher eine längere Unterredung gehabt hatte. Beide wurden nun getrennt verhört; sie machten widersprüchliche Angaben, und schließlich - angesichts von Folterwerkzeugen - verrieten sie die Verschwörung. Dabei wurden weitere Namen preisgegeben, darunter durch Natalis auch Piso und Seneca. Es kam zu Massenverhaftungen und grausamen Verhören. Piso wurde zum Selbstmord gezwungen.

60 Proximam necem Plautii Laterani consulis designati Nero adiungit, adeo propere, ut non complecti liberos, non illud breve mortis arbitrium permitteret. Raptus in locum servilibus poenis sepositum manu Statii tribuni trucidatur, plenus constantis silentii nec tribuno obiciens eandem conscientiam.
2 Sequitur caedes Annaei Senecae, laetissima principi, non quia coniurationis manifestum compererat, sed ut ferro grassaretur, quando venenum
3 non processerat. Solus quippe Natalis et hactenus prompsit missum se ad aegrotum Senecam, uti viseret conquerereturque, cur Pisonem aditu arceret: melius fore, si amicitiam familiari congressu exercuissent; et respondisse Senecam sermones mutuos et crebra colloquia neutri conducere;
4 ceterum salutem suam incolumitate Pisonis inniti. Haec ferre Gavius Silvanus tribunus praetoriae cohortis, et, an dicta Natalis suaque responsa nosceret, percunctari Senecam iubetur. Is forte an prudens ad eum diem ex Campania remeaverat quartumque apud lapidem suburbano rure substiterat. Illo propinqua vespera tribunus venit et villam globis militum saepsit; tum ipsi cum Pompeia Paulina uxore et amicis duobus epulanti mandata imperatoris edidit.

---

60 **nex,** necis *f.:* (gewaltsamer) Tod, Mord · **Plautii Laterani . . .:** *Den designierten Konsul* Plautius Lateranus *hatte nach Tacitus (Ann. XV 49.3) „amor rei publicae" zur Teilnahme an der Verschwörung geführt.* · **properus:** eilig · **complecti:** umarmen · **breve mortis arbitrium:** kurze Zeitspanne zur Wahl der Todesart · **illud:** *diese Gnade war also sonst üblich* · **locus servilibus poenis sepositus:** ein für die Bestrafung von Sklaven bestimmter abgelegener Ort; *wohl der Schindanger*[1] *auf dem campus Esquilinus vor der porta Esquilina im Osten der Stadt* · **Statii tribuni:** *Statius Proxumus, Tribun bei den prätorianischen Kohorten (s.u. zu § 4), gehörte selbst zu den Verschwörern* · **trucīdare:** abschlachten, grausam töten · **conscientia** (alicuius rei): Mitwissen (an . . ., um . . .); **conscientiam** *sc.* coniurationis.

2 **laetus** *hier:* willkommen · **princeps** *hier:* Herrscher (*„Princeps" ist seit Augustus der Titel der römischen Kaiser*) · **non quia** (+ *Indikativ!*): nicht weil (*der hier angegebene Grund ist nicht das wirkliche Motiv für Neros Vorgehen*) · **coniurationis manifestus:** wegen der Teilnahme an der Verschwörung belastet · **grassari:** (heftig) zu Werke gehen, wüten · **quando** *hier:* da, weil · **procedere** *hier:* zum Erfolg führen.

3 **quippe:** denn, nämlich · **Natalis:** *Antonius Natalis, römischer Ritter, Mitverschworener (vgl. o.S. 51)* · **et hactenus:** und zwar nur so viel · **promere,** prompsi, promptum (hervorholen): aussagen · **aegrotus:** krank · **conqueri** + *indirekte Frage:* vorwurfsvoll anfragen, . . . · **Piso:** *vgl. o.S. 51* · **congressus,** us: Zusammenkunft, Begegnung · **exercuissent:** *Konj. Plpf. offenbar ohne Bedeutung der Vorzeitigkeit statt Konj. Impf. – als Ersatz des fehlenden Konj. Fut. – aufgrund sog. Tempusverschiebung (vgl. Kühner-Stegmanns Grammatik I 140)* · **mūtuus:** gegenseitig, wechselseitig; **sermones mutuos et crebra colloquia:** Gedankenaustausch und häufige Unterhaltungen · **neuter:** keiner von beiden · **conducere:** nützen · **inniti** aliqua re: sich auf etw. stützen, auf etw. beruhen.

4 **ferre** = deferre · **Gavius Silvanus** *gehörte auch zu den Verschwörern (vgl. u. 61,4)* · **praetoria cohors:** Prätorianerkohorte (*die Prätorianer bildeten die Leibgarde des Kaisers*) · **nōscere** *hier:* als wahr anerkennen, bestätigen · **percunctari:** fragen · **prūdens** *hier:* mit Vorbedacht, absichtlich (*sc. weil er wußte, daß die Verschwörer an diesem Tag losschlagen wollten* · **ad eum diem** ≈ eo die · **remeare:** zurückkehren (*Seneca hielt sich zu dieser Zeit nur selten in Rom auf*) · **quartum apud lapidem** (lapis *hier:* Meilenstein): *gerechnet vom Forum Roms, also:* vier Meilen vor Rom · **rus** (ruris *n.*) **suburbanum:** Landgut bei Rom · **subsistere,** stiti: haltmachen, bleiben · **vespera:** Abend · **globus** *hier:* Schar · **saepire,** saepsi, saeptum (einzäunen): absperren · **epulari:** speisen · **ēdere** *hier:* mitteilen.

[1] *Ort zur Tierkörperverwertung*

61 Seneca missum ad se Natalem conquestumque nomine Pisonis, quod a visendo eo prohiberetur, seque rationem valetudinis et amorem quietis excusavisse respondit. Cur salutem privati hominis incolumitati suae anteferret, causam non habuisse; nec sibi promptum in adulationes ingenium. Idque nulli magis gnarum quam Neroni, qui saepius libertatem Senecae
2 quam servitium expertus esset. Ubi haec a tribuno relata sunt Poppaea et Tigellino coram, quod erat saevienti principi intimum consiliorum, interrogat, an Seneca voluntariam mortem pararet. Tum tribunus nulla pavoris signa, nihil triste in verbis eius aut vultu deprensum confirmavit. Ergo
3 regredi et indicere mortem iubetur. Tradit Fabius Rusticus non eo, quo venerat, itinere redisse tribunum, sed flexisse ad Faenium praefectum et expositis Caesaris iussis, an obtemperaret, interrogavisse, monitumque ab
4 eo, ut exsequeretur, fatali omnium ignavia. Nam et Silvanus inter coniuratos erat augebatque scelera, in quorum ultionem consenserat. Voci tamen et aspectui pepercit intromisitque ad Senecam unum ex centurionibus, qui necessitatem ultimam denuntiaret.

62 Ille interritus poscit testamenti tabulas; ac denegante centurione conversus ad amicos, quando meritis eorum referre gratiam prohiberetur, quod unum

---

61 **eo:** *eigtl. müßte in der indirekten Rede zur Bezeichnung Senecas das Reflexivum „se" stehen, der Satz ist aber ganz von Piso her gedacht* · **ratio** *hier:* Rücksicht auf · **excusare:** als Entschuldigung angeben · **privati hominis:** *im Gegensatz zum Kaiser* · **anteferre:** vorziehen · **adūlatio:** Schmeichelei · **gnārus:** bekannt · **libertas** *hier:* Freimut · **servitium** *hier:* knechtischer Sinn, Unterwürfigkeit.

2 **Poppaea:** *Poppaea Sabina; zunächst Geliebte, dann (seit 62 n. Chr.) Gattin Neros* · **Tigellinus:** *Ofonius Tigellinus; Prätorianerpräfekt und allmächtiger Günstling Neros; er hatte Seneca als Ratgeber des Kaisers verdrängt* · **cōram** aliquo: in Gegenwart von j-m · **saevire:** wüten, toben; **saevienti** ≈ cum saeviebat · **intimum consiliorum** ≈ intimum consilium: „die vertrautesten Ratgeber" · **interrogat** *sc.* Nero · **voluntarius:** freiwillig · **pavor:** Angst, Furcht · **deprēndere** (= deprehendere), prendi, prensum: entdecken, feststellen; **deprensum (esse)** ≈ se deprendisse · **indicere:** ansagen.

3 **Fabius Rusticus:** *Historiker, mit Seneca befreundet, verfaßte ein Geschichtswerk über die neronische Zeit* · **venerat:** *der Ind. in der oratio obliqua bezeichnet eine feststehende Tatsache* · **flectere** *hier intrans.:* einen Umweg machen, sich wenden, gehen · **Faenius:** *Faenius Rufus, zusammen mit Tigellinus Präfekt der Prätorianer; Mitverschworener* · **obtemperare:** gehorchen · **exsequi:** ausführen (*z.B. Befehle*) · **fātālis,** e: schicksalsbedingt, verhängnisvoll · **īgnāvia:** Feigheit; **fatali omnium ignaviā** ≈ es war eben bei allen eine verhängnisvolle Feigheit.

4 **ultio,** onis *f.:* Rache, Strafe · **consentire,** sensi, sensum (sich einigen): sich verschwören · **voci ... et aspectui pepercit:** ≈ er vermied es, Seneca zu sprechen und anzusehen · **intromittere:** hineinschicken · **centurio,** onis *m.:* Zenturio, Hauptmann (*Führer einer centuria = Hundertschaft*) · **necessitas ultima:** *Umschreibung für mors* · **denuntiare:** verkündigen, befehlen.

62 **in|territus:** unerschrocken, furchtlos · **testamenti tabulas:** *Seneca wollte seinem Testament noch einige Bestimmungen für die anwesenden Freunde hinzufügen* · **converti:** sich (hin)wenden · **quando** *hier:* da, weil · **gratiam referre:** Dank (durch die Tat) abstatten ·

iam et tamen pulcherrimum habeat, imaginem vitae suae relinquere testatur, cuius si memores essent, bonarum artium famam fructum constantis
2 amicitiae laturos. Simul lacrimas eorum modo sermone, modo intentior in modum coërcentis ad firmitudinem revocat rogitans, ubi praecepta sapientiae, ubi tot per annos meditata ratio adversum imminentia. Cui enim ignaram fuisse saevitiam Neronis? Neque aliud superesse post matrem fratremque interfectos, quam ut educatoris praeceptorisque necem adiceret.

63 Ubi haec atque talia velut in commune disseruit, complectitur uxorem, et paululum adversus praesentem fortitudinem mollitus rogat oratque, temperaret dolori neu aeternum susciperet, sed in contemplatione vitae per virtutem actae desiderium mariti solaciis honestis toleraret. Illa contra sibi quoque destinatam mortem adseverat manumque percussoris expos-
2 cit. Tum Seneca gloriae eius non adversus, simul amore, ne sibi unice dilectam ad iniurias relinqueret, 'Vitae', inquit, 'delenimenta monstraveram tibi, tu mortis decus mavis: non invidebo exemplo. Sit huius tam fortis exitus constantia penes utrosque par, claritudinis plus in tuo fine.' Post
3 quae eodem ictu brachia ferro exsolvunt. Seneca, quoniam senile corpus

---

testari: versichern; *hier* ≈ als seinen letzten Willen verkünden · **memor** alicuius rei: sich an etw. erinnernd; **cuius si memores essent . . .:** *sog. ‚relativische Verschränkung', bei der Wiedergabe i.D. das durch* cuius *eingeleitete Satzgefüge verselbständigen:* wenn sie dies im Gedächtnis behielten . . . · **ars** *hier:* Eigenschaft, Verhalten · **fructum ferre** *hier:* als Frucht davontragen, ernten; **laturos** *sc.* eos esse.

2 **intentus:** ernst, nachdrücklich · **coercēre** *hier:* zurechtweisen, tadeln; **in modum coercentis** ≈ in der Form des Tadels · **rogitare:** (wiederholt) fragen · **sapientia** *hier:* Philosophie · **meditatus:** vorbereitet, geübt · **ratio** *hier:* Haltung, Verhalten · **adversum** aliquid: gegen(über) etw. · **saevitia** (*vgl.* saevire *61,2*): Grausamkeit · **post matrem fratremque interfectos:** *Nero ließ 55 seinen Stiefbruder Britannicus und 59 seine Mutter Agrippina (die Tochter des Germanicus) ermorden* · **educator:** Erzieher · **praeceptor:** Lehrer · **nex,** necis *f.:* (gewaltsamer) Tod, Mord · **adicere:** hinzufügen.

63 **in commune** ≈ für die Öffentlichkeit (*Seneca wußte, daß die Anwesenden seine Äußerungen überall verbreiten würden*) · **disserere,** serui, sertum: erörtern, (be)sprechen · **complecti:** umarmen · **paululum** (*Demin., adverbial*): ein wenig (*gehört zu* mollitus) · **adversus praesentem fortitudinem** ≈ im Gegensatz zu der tapferen Haltung, die dieser Augenblick von ihm verlangte · **mollire:** weich machen, weich stimmen · **rogat oratque** (*Hendiadyoin*) ≈ er bat inständig · **aeternus:** ewig; **aeternum:** *prädikativ, sc.* dolorem · **suscipere** *hier:* auf sich nehmen ≈ sich hingeben · **in contemplatione vitae:** in der Betrachtung seines (*d.h. Senecas*) Lebens (*vgl.* imaginem vitae suae *62,1*) · **desīderium:** Sehnsucht, Verlangen · **marītus:** Ehemann, Gatte · **sōlācium:** Trost · **contra** (*hier adverbial*): dagegen · **destinare:** bestimmen; **destinatum** *sc.* esse · **adsevērare:** versichern · **percussor** (*von* percutere: durchbohren) *hier:* jmd., der ihr die Adern öffnen soll · **expōscere:** mit Nachdruck fordern.

2 **adversus** (*hier Adj.*): entgegenstehend, im Wege stehend · **sibi** (≈ a se): *zu* dilectam · **unicus:** einzig(artig) · **delēnīmentum:** Linderung(smittel), Tröstung · **decus,** oris *n.:* Ehre, Ruhm; **mortis decus** ≈ ehrenvoller Tod · **exemplo** *sc.* tuo (exemplum *hier:* rühmliches Beispiel) · **exitus** *hier:* Lebensende, Tod · **penes** aliquem: bei j-m · **ictus,** us: Schlag, Schnitt; **eodem ictu:** mit éinem Schnitt, *d.h. gleichzeitig* · **bra(c)chium:** Unterarm (*gemeint ist hier: die Pulsader*) · **exsolvere:** lösen, öffnen.

et parco victu tenuatum lenta effugia sanguini praebebat, crurum quoque et poplitum venas abrumpit; saevisque cruciatibus defessus, ne dolore suo animum uxoris infringeret atque ipse visendo eius tormenta ad impatientiam delaberetur, suadet in aliud cubiculum abscedere. Et novissimo quoque momento suppeditante eloquentia advocatis scriptoribus pleraque tradidit, quae in vulgus edita eius verbis invertere supersedeo.

64 At Nero nullo in Paulinam proprio odio, ac ne glisceret invidia crudelitatis, iubet inhiberi mortem. Hortantibus militibus servi libertique obligant
2 brachia, premunt sanguinem, incertum, an ignarae. Nam, ut est vulgus ad deteriora promptum, non defuere, qui crederent, donec implacabilem Neronem timuerit, famam sociatae cum marito mortis petivisse, deinde oblata mitiore spe blandimentis vitae evictam; cui addidit paucos postea annos, laudabili in maritum memoria et ore ac membris in eum pallorem
3 albentibus, ut ostentui esset multum vitalis spiritus egestum. Seneca interim, durante tractu et lentitudine mortis, Statium Annaeum, diu sibi amici-

---

3 **Übersetzung zu 3 a:** Da der greise, durch einfache Ernährungsweise geschwächte Körper das Blut nur langsam ausfließen ließ, öffnete S. auch die Venen der Beine und der Kniekehlen; **parcus victus:** *nach Tacitus (ann. XV 45,3) hatte S. in der letzten Zeit nur noch von wildem Obst und Wasser gelebt* · **cruciatus,** us: Marter, Qual · **defessus:** erschöpft · **infringere:** zerbrechen; schwächen, lähmen · **visere** *hier:* anschauen · **tormentum:** Marter, Qual · **impatientia:** Unfähigkeit, etwas zu ertragen; Schwäche · **delābi:** herabgleiten, (hinein)geraten · **cubiculum:** Schlafzimmer, Zimmer · **novissimus:** der äußerste, letzte · **momentum:** Augenblick · **suppeditare:** vorhanden sein, zur Verfügung stehen · **eloquentia:** Beredsamkeit, Redegabe · **scriptor:** Schreiber (*in der Regel ein Sklave*) · **tradere** *hier* ≈ diktieren · **in vulgus edita eius verbis** ≈ weil sie in seinen eigenen Formulierungen (*also: wörtlich*) veröffentlicht sind · **invertere:** mit anderen Worten wiedergeben, umgestalten. – *Die antiken Historiker vermieden es in der Regel, Reden oder Briefe anderer – abgesehen von kurzen Aussprüchen – wörtlich zu zitieren, sondern formten sie in den eigenen Stil um, damit die Stileinheit des Gesamtwerkes gewahrt blieb. Tacitus verzichtet hier auf Umformung und Wiedergabe von Senecas letzten Worten, weil ihre originale Fassung den Zeitgenossen allgemein bekannt war; der Nachwelt sind sie aber auf diese Weise für immer verloren* · **supersedēre:** sich über etw. hinwegsetzen, etw. unterlassen.

64 **glīscere:** zunehmen, überhandnehmen · **invidia** alicuius rei *hier:* Empörung über etw. · **inhibēre:** anhalten, verhindern · **libertus:** Freigelassener · **obligare:** verbinden · **premere** *hier* = reprimere: zurückdrängen, stillen · **incertum, an īgnārae** (*sc.* Paulinae, *Dat.*) ≈ (wobei es) ungewiß (bleiben muß), ob sie es merkte (*da sie sicher bewußtlos war*).

2 **deterior:** geringer, schlechter · **ad deteriora promptus** ≈ geneigt, das Schlechtere zu glauben · **dōnec:** solange · **implācābilis,** e: unversöhnlich, unerbittlich; **implacabilem:** *präd.* · **sociare:** verbinden, vereinen · **marītus:** Ehemann · **mītis,** e: mild, gnädig, günstig · **blandimentum:** Schmeichelei, Lockung · **evincere:** völlig besiegen, erweichen · **cui** *sc.* vitae · **laudabili . . . memoriā:** *Abl. qualitatis (ebenso:* ore, membris . . . albentibus) · **membrum:** (Körper-)Glied · **pallor:** Blässe · **albēre:** weiß sein · **in eum pallorem . . . ut:** bis zu einem solchen Grad von Blässe . . ., daß · **ostentui esse:** zum Beweis dienen · **vitalis spīritus** (us) ≈ Lebenskraft · **e|gerere,** gessi, gestum: heraustragen; *Pass.* entweichen.

3 **durare:** andauern, fortbestehen · **tractus et lentitudo** *(Hendiadyoin)* **mortis** ≈ das langsame Sichhinziehen des Todeskampfes · **Statius Annaeus:** *sonst nicht bekannt; wegen des zweifachen Gentilnamens wohl ein Klient des S., der eigtl. Statius hieß, sich aber noch den Namen seines Patrons zugelegt hat*

tiae fide et arte medicinae probatum, orat, provisum pridem venenum, quo damnati publico Atheniensium iudicio extinguerentur, promeret; adlatumque hausit frustra, frigidus iam artus et cluso corpore adversum vim
4 veneni. Postremo stagnum calidae aquae introiit, respergens proximos servorum addita voce libare se liquorem illum Iovi liberatori. Exim balneo inlatus et vapore eius exanimatus, sine ullo funeris sollemni crematur. Ita codicillis praescripserat, cum etiam tum praedives et praepotens supremis suis consuleret.

· **ars medicinae:** Geschicklichkeit in der Heilkunst · **prīdem** (*Adv.*): seit langer Zeit, längst · **publico ... iudicio:** *zu* damnati; **publicum iudicium:** Strafprozeß (*in Strafsachen, besonders bei Vergehen gegen die Allgemeinheit – im Unterschied zum Zivilprozeß*) · **venenum, quo ... ex(s)tinguerentur:** *es handelt sich um den Schierlingssaft, mit dem auch Sokrates hingerichtet wurde.* **extinguerentur:** *Konj. in Assimilation an den Modus des übergeordneten Satzes, in den er eingebettet ist; möglich ist auch iterative Auffassung* · **prōmere:** hervorholen, reichen · **haurire:** schöpfen, *hier* trinken · **artūs,** uum: Glieder; **artūs:** *Akk. der Beziehung* · **clūsus** (= clausus): verschlossen, unempfänglich; *das Gift wirkt nicht mehr, da es sich infolge der nachlassenden Blutzirkulation nicht mehr richtig im Körper verteilen kann.*

4 **stagnum:** Bassin, Wanne · **calidus:** warm · **respergere:** besprengen · **lībare:** weihen, spenden · **liquor:** Flüssigkeit; *hier wohl das mit Blut gemischte Wasser* · **exim** (=exinde): hierauf · **balneum:** Bad, *hier Dampfbad;* **balneo:** *Dat. zur Richtungsangabe (statt in + Akk.)* · **vapor:** Dampf · **exanimare:** töten, ersticken · **sollemne,** is *n.:* Feierlichkeit, Feier · **cremare:** (*den Leichnam*) verbrennen · **cōdicillus:** Schriftstück; **cōdicilli** *hier: letztwillige Verfügungen, Zusätze zum Testament* · **etiam tum praedives et praepotens** ≈ auch schon zu einer Zeit, da er noch sehr reich und sehr mächtig war · **suprema** *n.pl.:* Ende, Tod.